# 먹방말고
# 인증샷 말고
# 식사

**일러두기**

- '인증샷'의 규범 표기는 '인증 숏'이지만, 이 책에서는 통상적으로 쓰이는 '인증샷'으로 표기했습니다.

**십대톡톡_02**

먹방 말고 인증샷 말고 식사 아침독서신문 선정, 학교도서관저널 추천, 한국학교사서협회 추천

**펴낸날** 초판 1쇄 2023년 8월 28일 | 초판 4쇄 2024년 11월 14일

글 정정희 | 그림 김우현

**편집** 이정아 | **디자인** 캠프 | **홍보마케팅** 이귀애 이민정 | **관리** 최지은 강민정

**펴낸이** 최진 | **펴낸곳** 천개의바람 | **등록** 제406-2011-000013호

**주소** 서울시 영등포구 양평로 157, 1406호

**전화** 02-6953-5243(영업), 070-4837-0995(편집) | **팩스** 031-622-9413

사진 셔터스톡

© 정정희, 2023 | ISBN 979-11-6573-375-9 43300

십대
톡톡
02

# 먹방 말고
# 인풍샷말고
# 씩사

우리가 먹는 모든 것

글 정정희
그림 김우현

천개의 바람

2022년 세계 인구가 80억 명을 돌파했습니다. 이 많은 인구가 빠지지 않고 매일 하는 일이 무엇일까요? 바로 '먹는 일'입니다. 그리고 대부분의 사람들이 가장 좋아하는 일이기도 하죠. 여러분도 예외는 아닐 거예요.

이 많은 사람들이 매일 먹어야 살 수 있으니, 80억 인구가 '무엇'을 먹느냐에 따라 이 세상에 얼마나 크고 엄청난 일이 벌어질 수 있는지 생각해 본 적이 있나요? 먹거리를 생산하는 일부터 가공하고 유통하는 일, 음식으로 조리되어 우리 입에 들어가기까지, 그리고 남겨진 음식을 처리하는 일까지 그 과정에서 무슨 일들이 일어나고 있는지를 말입니다.

'먹는다는 것'은 인간만이 하는 행위도 아닙니다. 모든 동식물, 그러니까 살아 있는 모든 것들이 '먹는 행위'를 합니다. 먹어야 살 수 있으니까요. 그러니까 결국 먹는다는 것은 살기 위해

하는 행위입니다. 그런데, 아이러니하게도 우리가 먹는 것은 모두 생명체입니다. 살기 위해서 다른 생명을 죽여야만 하는 것이지요.

모든 생명체는 '먹고 먹히는' 유기적인 관계를 맺고 있습니다. 지금까지 지구의 생태계는 동식물들이 본능에 의해 먹고 먹히면서 자연의 순환이라는 질서를 유지해 왔습니다. '자연'이라는 보이지 않는 손에 의해 개체 수가 조정되어 안정적인 먹이 피라미드를 유지해 왔죠.

그런데, 어느 순간 인간이 먹이 피라미드의 최상위 포식자가 되면서, 이 원칙에 엄청난 변화가 생겼습니다. 본능에 의해 먹고 먹히는 다른 생명체와 달리, 인간은 먹을 것을 선택할 수 있죠. 최상위 포식자인 인간이 어떤 선택을 하느냐에 따라 먹이사슬이라는 이 유기적인 관계에 엄청난 영향을 줄 수 있는 거예요. 심지어 인간은 자신들이 먹을 것을 '길러' 먹음으로써, 먹이 피라미드의 아래에 있는 동물들의 개체 수를 조절할 수도 있죠.

이렇게 인간이 먹을 것을 기르는 과정에서 지구 생태계에 어마어마한 변화가 일어났습니다. 그저 '잘 먹기' 위해서 저질러 왔던 인간의 이기적인 선택들이 가져온 결과를 이제는 돌아보아야 하지 않을까요? 지구에 부담을 주지 않으면서도 우리 몸을 살리고, 우리 이웃을 살리는 음식 생활이 어떤 것인지에 대해 고민해야 하지 않을까요? 단순히 입만 즐겁고 말 것이 아니라, 지구를 위해 좀 더 나은 선택이 무엇인지 고민해야 하지 않을까요? '먹는다는 것'의 의미를 돌아보고, 더 '잘 먹는다는 것'이 무엇인지, 오늘 당장 우리가 어떤 선택을 해야 하는지도요.

우리는 살기 위해서 다른 생명을 죽여가며 먹습니다. '살기 위해서'라는 전제가 합의되었기 때문에 다른 생명을 죽이는 것이 용납된 것이죠. 다른 생명의 고귀한 희생을 딛고 사는 것이라면, 먹는 행위는 '나만 살리는' 것이어서는 안 됩니다. 나를 살리고, 이웃을 살리고, 지구를 살리고, 주변의 뭇 생명들을 살리는 선택이 되어야 합니다.

오늘 여러분의 고민이, '저녁에 뭐 맛있는 걸 먹을까?'에 그치지 않았으면 합니다.

정정희

차례

# 먹는다는 건

1

식사의 쾌락은 황홀하지도 않고 도취나 격정을 포함하는 것도 아니지만, 집중적으로 상실했던 것을 지속적으로 얻는다. 그리고 특히 그 고유한 특권에 의해 여타의 쾌락들과도 구별된다. 그것은 우리가 다른 쾌락들을 누릴 수 있도록 해 주거나 적어도 다른 쾌락들의 상실을 보상해 준다.

_브리야 사바랭*

'그림의 떡'
이어도
좋아

'그림의 떡'이라는 속담이 있지요. 그림 속에 있는 떡은 아무리 맛있게 보여도 군침만 고일 뿐 먹을 수는 없습니다. 볼 수는 있어도 먹을 수 없으니 오히려 보지 않는 편이 낫겠죠? 아무리 마음에 들어도 차지할 수 없는 경우를 가리켜 그림의 떡이라고 합니다.

그런데 요즘에는 그림의 떡을 쳐다보는 게 취미인 사람들이 있습니다. 바로 '먹방' 이야기입니다. 속담에서 말하는 그림의 떡은 나의 능력 밖이라 '못' 먹는 것이지만, 먹방에 나오는 음식들은 '못' 먹는 상황과 '안' 먹는 상황이 두루 포함됩니다.

'먹는 방송'을 줄여서 먹방이라고 하죠. 먹방을 영어로 하면 뭘까요? 네, 바로 'Mukbang'입니다. 먹방이라는 단어가 우리 말에서 유래했으니까요. Mukbang은 옥스퍼드 영어 사전에 등 재까지 되었습니다. 단순히 먹는 방송을 넘어 일종의 K컬처로 세계적인 관심을 받으며 하나의 사회적 현상으로 자리 잡고 있 습니다.

먹방의 주인공인 BJ(인터넷 방송 진행자)는 카메라 앞에서 쉴 새 없이 떠들고, 쉴 새 없이 먹습니다. 음식의 식감이 고스란히 느껴지는 소리에 과도한 표정과 감탄사를 더해서 먹는 장면을 실감 나게 보여줍니다. 그렇게 맛있게 먹는 영상만으로 한 달에 수천만 원의 돈을 벌기도 하죠. 먹는 영상이 돈벌이가 되다 보 니, 너도나도 먹방에 뛰어들고 있습니다.

## 먹방 전성시대

남이 먹는 장면을 보는 것이 뭐가 그렇게 재미있나 싶지만, 먹 방은 날이 갈수록 진화하며 인기를 이어가고 있습니다. 처음에 는 '양'으로 승부하는 먹방이 유행했습니다. 순식간에 어마어마 한 양의 음식을 먹어치우는 장면을 보며 시청자들은 감탄했죠. 체구가 작고 날씬한 여성이 엄청난 양의 음식을 먹어치우는 반

전 먹방은 시청자의 관심과 호기심을 더 자극했습니다. 자극적인 장면일수록 관심을 끌다 보니, 평소 접하기 힘든 음식을 먹거나, 때로는 혐오스러운 음식까지도 가리지 않습니다. 이렇게 괴이한 음식을 먹는 방송을 괴식 먹방, 즉 '괴먹'이라고 부릅니다.

단순히 음식을 먹는 영상을 넘어서 요리하는 모습을 보여주는 쿡방도 인기를 누리고 있습니다. 자신이 직접 요리하지는 못하지만, 요리하는 영상을 보면서 대리 만족을 하는 거예요. 그러다 보니 웬만한 연예인 저리 가라 할 정도로 스타가 된 요리사도 있고, 청소년에게 요리사는 인기 있는 직업이 되었습니다.

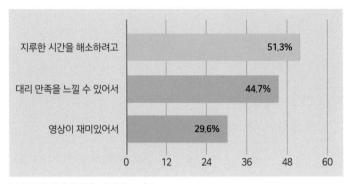

**청소년이 먹방·쿡방을 시청하는 이유**

이런 걸 보면 우리 마음속에는 요리를 잘하고 싶고, 맛있는 음식을 직접 만들어 먹고 싶은 욕구가 있는 것 같아요. 헛헛한 마음을 달래는 데에는 음식만 한 것이 없으니까요.

청소년의 약 40%가 매주 한 번 이상, 매일 한 번 미만으로 먹방·쿡방을 본다고 합니다. 십 대들이 먹방이나 쿡방을 시청하는 이유는 '지루한 시간을 해소하기 위해서'가 51.3%로 가장 높았고, '대리 만족을 느낄 수 있어서'가 44.7%로 그 뒤를 이었습니다.[1]

1인 가구가 증가하고 생활 방식이 변하면서 '혼밥'을 하는 사람들이 많아진 것도 먹방이 유행하는 원인이라고 할 수 있습니다. 배달 음식이나 편의점 음식으로 혼자 끼니를 때울 때 먹방을 보면서 외로움을 달랠 수 있으니까요. 음식이라는 소재 자체가 가지는 치유의 힘을 부인할 수는 없습니다. 함께 음식을 나누어 먹지는 못하더라도 누군가 맛있게 먹는 모습을 보는 것만으로도 마음에 위로가 됩니다.

예전에는 누군가 정성스럽게 차려주는 '따뜻한 밥 한 끼', 혹은 자신과 가족을 위해 손수 지은 '밥 한 끼'가 우리의 지친 삶을 위로하고 다독여 주었다면, 이제는 '디지털화된 음식'으로 마음의 위로를 받아야 하는 시대가 된 것인지도 모릅니다.

## 먹방의 이면

그렇지만 먹방이 식습관에 미치는 악영향에 대해서도 생각해 보아야 합니다. 음식 사진을 본 사람의 뇌를 MRI로 촬영하면 욕망과 관련된 신진대사가 24% 정도 상승한다는 연구 결과도 있습니다.[2] 굳이 연구 결과를 들이대지 않아도 음식 사진이나 영상을 보면 침이 고이는 경험은 누구나 있지요. 먹방은 우리를 음식 중독에 빠뜨릴 수 있습니다.

먹방에서 보여주는 음식 자체도 문제예요. 주로 어마어마한 양의 패스트푸드나 고기, 혹은 엄청나게 맵고 짠 음식들로 자극적인 입맛에 치우쳐 있습니다. 그토록 엄청난 먹방을 선보이면서도 BJ들은 하나같이 날씬한 몸을 유지합니다. 화면 밖에서 피나는 운동과 다이어트를 하고 있기 때문이죠. 시청자들은 화면 밖에서 이루어지는 일에는 관심이 없지요. 엄청난 양의 음식을 먹으면서도 날씬한 BJ들을 보면서 그 음식의 엄청난 칼로리가 가져오는 결과를 애써 무시합니다.

　최근에는 이런 자극적인 먹방 콘텐츠의 부작용을 의식하는 사람들이 점점 많아지고 있습니다. 그래서인지 이제는 거꾸로 극도로 적은 양의 음식을 정말 맛있게 먹는 먹방이 유행하고 있습니다. 고기 한 점을 씹는 데 5분이 걸린다든가, 음료 한 잔으로 한 끼 식사를 대체한다든가 하는 모습에 열광합니다. 소식小食이 인기를 끌면서 '소식좌'라는 말도 생겨났습니다. 적게 먹는다는 뜻의 '소식'에다, 인터넷상에서 어떤 분야에서 일정 정도 이상의 경지에 이른 사람을 이르는 말인 '-좌'를 붙인 말입니다. 소식좌들이 인기를 끄는 이유는 과식과 폭식이 일상화된 과거의 먹방에 피로감을 느끼는 사람이 많아졌기 때문이지요. 또 한편으로 건강상의 이유나 다이어트 등으로 '소식'을 해야 하는 사람들의 욕구를 반영한 것이기도 합니다. 이 또한 일종의 대리 만족이지요. 그런데 이런 소식 먹방 역시 균형 잡힌 식습관을 형성하는 데 바람직하지 않습니다. 과도한 다이어트를 부추긴다는 비판도 타당해 보입니다.

**어머,
여긴 가봐야 해,
인스타그래머블한
맛집!**

여행을 계획할 때 가장 먼저 하는 일이 뭘까요? 바로 '맛집' 검색이죠. 맛집이라면 한 시간쯤 줄을 서는 것도 문제가 되지 않습니다. 정말 먹는 것에 진심이니까요. 그런데 낯선 여행지에서 어디가 맛집인지는 어떻게 알 수 있을까요? 예전에는 한두 명의 '지인 찬스'에 의존했지만, 인터넷과 스마트폰이 발달한 오늘날에는 검색만 하면 됩니다. 별점 높은 곳, 리뷰 많은 곳을 고르기만 하면 되니까요. 방송에서 유명인이 소개한 맛집이면 별점 따위도 필요 없죠. 방송과 동시에 바로 맛집 등극입니다.

　많은 사람이 추천한 집을 찾아가면 실패할 확률이 적은 것은 사실입니다. 선택하기 어려울 때 가장 쉬운 방법이죠. 그런데 가끔 어렵게 찾아간 맛집인데 맛이 별로인 경우도 있어요. 그래도 우리는 그 맛집의 명성에 쉽게 딴지를 걸지 않습니다. 내 입맛이 남들과 다르겠거니 쿨하게 넘기거나, 유명한 맛집에 다녀왔다는 사실 자체로 만족합니다. 멋진 인증샷 하나로 충분하죠. 맛집을 방문했던 다른 많은 사람들과 같은 경험을 해봄으로써 유행에 뒤처지지 않았다는 안도감은 덤입니다.

## 갈수록 귀가 얇아지는 사람들

여기 초록색 카드가 한 장 있다고 상상해 보세요. 여러분 눈에는 초록색으로 보여요. 그런데, 주위에 있는 열 명쯤 되는 친구들이 모두 파란색 카드라고 말해요. 이제 선생님이 묻습니다.

"이 카드는 무슨 색이지?"

자, 여러분은 뭐라고 대답하겠어요? 초록색 카드라고 자신 있게 말할 수 있나요? 내 눈이 이상한 건 아닌지 의심하지 않을까요? 자신을 믿기보다 다른 사람의 말에 더 귀를 기울이게 되는 이런 상태를 심리학에서는 '동조 이론'이라고 해요. 많은 사람들이 맛집에 열광하는 이유도 동조 이론으로 설명할 수 있어요.

사람들이 맛집을 찾는 이유도 남들이 다 가니까 따라서 가는 경우가 많아요. 남들이 맛있다고 하니까 맛있게 느껴질 수도 있지요. 문제는 사람들의 이런 속성을 교묘하게 이용하는 사람들이 많다는 거죠. 분명히 별점도 높고, 리뷰도 좋은 식당을 찾아갔는데 생각보다 맛이 별로인 경우가 점점 많아지고 있어요. 나의 까다로운 입맛 때문이라고 생각하기에는 그 정도가 심합니다. 그런 곳은 대개 상업적인 블로그나 광고성 리뷰로 '만들어진 맛집'인 경우가 많습니다.

## 음식을 대하는 익숙한 풍경

어렵게 찾아간 맛집에서 음식이 나오면 여러분이 제일 먼저 하는 일이 무엇인가요? 성질 급한 사람이 먼저 젓가락을 들라치면 누군가 그 사람의 손등을 탁 치며 말합니다.

"아직 먹지 마! 사진 찍어야 해."

네, 바로 '인증샷'을 찍습니다. 다른 사람이 다 하는 경험, 나도 해 보았다는 증거를 남겨야 하니까요. 요즘에는 그 증거도

반드시 시각적 이미지로 남겨 야 해요. 그래서인지 맛집뿐 만 아니라 거의 모든 분야에서

우리는 인증샷을 남깁니다. 그리고 그 인증샷을 SNS에 공유하 죠. 인스타그램에 올릴 만한 멋진 비주얼을 가리켜 **인스타그래머 블**하다는 말이 생길 정도입니다. 먹기 위해 맛집에 가는 것인지, 자랑하기 위해 가는 것인지 헷갈립니다. 현실에서의 나는 어떻 든 간에, 사이버 공간에서의 나는 '아싸'가 아닌 '인싸'가 되고 싶습니다.

이건 인스타-각이야.

'보기 좋은 떡이 먹기도 좋다'라는 속담이 있습니다. 기왕이 면 예쁘게 플레이팅 된 음식이 식욕을 더 돋우고 더 먹음직스러 워 보이죠. 그런데 플레이팅에만 치중하면서, 정작 음식의 질에 는 신경 쓰지 않는 경우가 많습니다. 화려한 색감을 내려고 불 필요한 색소를 사용하는 경우도 있습니다. 이렇게 음식을 그저 '맛' 아니면, '멋'으로만 대하면서 정작 우리는 무엇을 놓치고 있 는 걸까요?

우리의 뇌는 먹을거리가 귀한 환경에서 음식을 찾도록 진화

했는데, 오늘날에는 오히려 에너지가 가득한 고지방 음식 이미지에 둘러싸여 있는 것이 문제라고 합니다.[3] 이런 이미지들은 우리가 더 먹도록 부추기고 장기적으로 건강하지 못한 습관에 이르게 합니다. 음식을 먹기 전 사진을 찍어 SNS에 올리다 보면, 음식이 더 맛있게 느껴지고 그만큼 배부름을 덜 느끼게 된다고 해요.[4] 배부름을 덜 느끼면 그만큼 많이 먹겠죠? 평생 다이어트 중이라면, 한번 고민해 볼 문제가 아닐까요?

# 동조 이론

1950년대 초 미국의 사회심리 학자 솔로몬 애시 교수는 다음과 같은 실험을 했어요. 다음 두 그림에서 왼쪽 그림에 나온 선분과 똑같은 길이의 선분을 오른쪽 그림에서 찾아내는 실험이었죠. A, B, C 중에서 정답은 무엇일까요? 실험자가 혼자 있는 상황에서는 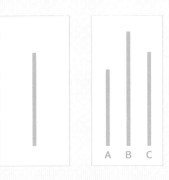 1% 미만을 제외한 실험자 모두 C를 정답으로 골랐어요. 그런데 이번에는 실험자 한 명을 제외한 나머지 사람은 모두 A를 정답으로 말하기로 미리 공모하고 같이 실험실에 들어갔어요. 그랬더니 무려 36.8%의 실험자가 A라고 대답했어요. 이렇게 집단이 기대하는 대로 개인의 생각이나 행동을 바꾸는 현상을 심리학에서는 동조 이론이라고 해요.

사라져가는
식탁의 온기

아침은 거르고, 점심은 최대한 빨리, 저녁은 대충!

누구는 아침밥보다 잠을 택하고, 누구는 다이어트 때문에 아침밥을 거릅니다. 그나마 아침밥을 먹는다고 해도 여유 있게 식사하기 어렵습니다. 시리얼이나 간편식으로 대강 때우듯이 아침을 먹지요. 많은 사람들이 '시간이 없어서' 아침을 먹지 못한다고 말합니다.

그러면 점심은 좀 다를까요? 여러분의 점심 풍경을 한번 볼까요? 전교생이 좁은 학교 식당에서 한 시간 남짓한 짧은 시간 동안 밥을 먹습니다. 밥이 입으로 들어가는지 코로 들어가는지 알 수 없어요. 밥을 먹으면서 친구들과 수다라도 떨라치면, 길게 줄을 서 있는 친구들과 급식 지도를 하는 선생님의 눈치가 보입니다. 그야말로 흡입하듯이 입안에 밥을 털어 넣습니다. 내가 먹은 음식이 어떻게 만들어졌는지 따위는 생각할 겨를이 없어요. 그저 그 순간 맛있으면 됩니다.

저녁은 어떤가요? 학교를 마치면 대부분 학원으로 향합니다. 집에 들러서 간다고 해도 부모님이 퇴근 전이니, 가족이 오순도순 둘러앉아 함께 밥을 먹는 저녁 풍경을 기대하기는 어렵습니다. 그러다 보니 대충 편의점 간편식이나 패스트푸드로 저녁을 때우고 맙니다.

## 더 이상 식구가 아닌 가족들

세 끼를 잘 챙겨 먹기 위해서 하루 종일 먹을 것을 구하고, 요리를 해서 맛있게 한 끼를 먹는 모습을 보여주는 〈삼시세끼〉라는 예능 프로그램이 있었습니다. 그저 하루 종일 식사를 준비하고 세 끼 밥을 챙겨 먹는 것뿐인데, 넋을 놓고 보고 있으면 왠지 마음이 편안해집니다. 바쁜 일상 속에서 우리가 잃어버렸던 '따뜻한 밥상'에 대한 로망이 담긴 프로그램이었습니다.

인간사가 모두 이 '삼시 세끼'를 챙겨 먹기 위해 돌아가던 시절이 있었지요. 삼시 세끼를 배부르게 먹으면 더한 행복이 없다고 여기던 시절이었습니다. 하루의 모든 일상이 먹고 사는 것과 관련되어 있다고 해도 과언이 아니었죠. 아버지는 농사일을 하거나 사냥을 해서 먹을 것을 구하고, 어머니는 아침부터 정성껏 그날 먹을 반찬거리를 준비합니다. 밭에서 캔 것을 다듬고 데치고 삶고 무치며 온 시간과 정성을 들이지요. 그렇게 하루 종일 열심히 일해도 온 식구가 배불리 먹기 힘든 시절이었습니다. 그래도 온 식구가 둘러앉아 따뜻한 밥상을 마주하고 부족한 음식이나마 함께 나누어 먹는 그 시간이 그렇게 좋을 수가 없었습니다. 음식을 먹는 것 자체보다, 음식을 나누어 먹는 그 시간이 더 소중했던 것입니다.

그런데 요즘은 어떤가요? 굳이 열심히 구하지 않아도 먹을 것이 매우 흔합니다. 배고팠던 옛날을 생각하면 축복과 같은 일이지만, 정작 우리는 그 많은 음식을 음미할 여유가 없습니다. 빨래는 세탁기가, 청소는 청소기가, 밥은 전기밥솥이 해주는 시대인데, 왜 우리 부모님들은 예전의 부모님들보다 더 바쁠까요? 우리 청소년들은 더 바쁩니다. 하루 종일 학교에 붙들려 있다가 저녁에는 또 학원으로 뺑뺑이를 돌아야 합니다.

온 식구가 바쁘다 보니, 온 가족이 한자리에 앉아서 밥을 먹기가 쉽지 않습니다. 일주일에 한두 번조차 온 가족이 함께 식사하기 어려운 경우도 많습니다. 각자 바쁜 것도 문제지만, 각각 입맛이 달라서 같은 식탁에 앉기가 힘든 경우도 많습니다. 누군가는 다이어트를 위해 간단한 샐러드로, 누군가는 근육을 키워야 한다며 닭 가슴살로 한 끼를 때웁니다. 그러다 보니, 점점 함께 식사하는 횟수가 줄어드는 것이죠.

## 익숙해지는 혼밥 시대

프랑스어로 친구를 '꼬뺑copain'이라고 합니다. 'co'는 영어의 'with'와 같은 뜻이고, 'pain'은 '빵'을 뜻해요. 그래서 프랑스어로 친구는 '빵을 나눠 먹는 사이'라는 뜻이라고 합니다. 우리말 '식구'도 함께 살면서 같이 밥을 먹는 사람이라는 뜻이 있습니다. 즉 밥을 먹는다는 것은 사람과 사람 사이에 사회적 관계 맺기와 관련이 있는 말입니다. 함께 밥을 먹기 힘들어진 오늘날은 그만큼 사회적 관계가 단절되어 간다는 뜻이기도 하죠.

옛날에는 혼자 밥을 먹는 것이 익숙하지 않았습니다. 밥은 늘 누군가와 함께 먹는 것이었죠. 혼자서 밥을 먹을라치면 그렇게 어색하고 서러울 수가 없었어요. 그런데 지금은 이런저런 이유로 혼자 밥을 먹는 일이 많다 보니 '혼밥'이 자연스러운 문화가 되어버렸습니다. 혼자 밥 먹는 것을 더 좋아하는 자발적 '혼밥러'도 많아졌죠. 그렇게 우리는 혼밥에 익숙해져 가고 있습니다.

그렇지만 혼밥은 밥이며 반찬이며 여러 가지를 잘 챙겨서 먹게 되지 않습니다. 자연스럽게 배달 음식이나 패스트푸드에 의존하게 되는 경우가 많죠. 최근 12년 새 패스트푸드로 식사를 하는 청소년의 비율이 두 배나 늘었다는 연구 결과도 있습니다.[5] 편의점 간편식의 판매고가 점점 올라가는 것도 사라져가는 식사 시간과 무관하지 않을 것입니다.

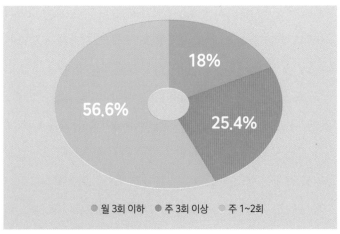

**청소년 패스트푸드 섭취 현황 (2020년)**

**오늘 뭐
먹었니?**

민초단? 아니면 반민초단? 여러분은 어느 쪽인가요? 민트 초코를 좋아하는 사람들을 민초단, 그렇지 않으면 반민초단이라고 한다죠? 무슨 큰 의미야 없겠지만, 음식을 두고 이런 논쟁을 붙여보는 것도 음식 먹는 재미 중 하나입니다.

짜장이냐, 짬뽕이냐?

이것은 제법 오래된 논쟁거리입니다. 오죽하면 짜장, 짬뽕을 함께 먹을 수 있는 짬짜면이 나왔을까요. 그런데, 적어도 청소년들에게는 짜장이 '승'입니다. 2021년 조사 결과에 의하면 청소년이 가장 좋아하는 중식은 짜장면이라고 합니다. 남녀 청소년을 통틀어 최애 음식은 불고기이며, 간식 최애 메뉴는 떡볶이라고 합니다.[6] 떡볶이는 수십 년 전부터 지금까지 청소년이 가장 좋아하는 간식거리로 그 자리를 굳건히 지키고 있습니다. 가성비도 좋고 여럿이 나눠 먹기도 좋은 음식이기 때문입니다.

## 배달 음식과 편의점 간편식으로 때우는 한 끼 식사

우리나라 음식 문화의 한 축을 담당하고 있는 배달 음식도 청소년이 좋아하는 음식으로 가득합니다. 청소년이 가장 선호하는 배달 음식이나 테이크아웃 음식은 치킨이나 닭강정 같은 닭 요리라고 합니다. 김밥, 라면, 햄버거 같은 편의점 간편식들도 청소년이 좋아합니다. 청소년 열 명 중 세 명이 일주일에 3회 이상 편의점 음식을 먹는다고 해요.[7] 학교가 끝나면 학원으로 바로 가야 하는 청소년이 가장 편하게 한 끼를 때울 수 있는 곳이 바로 편의점입니다. 주변을 조금만 둘러봐도 곳곳에 편의점이 있으니 언제든 쉽게 드나들 수 있습니다. 예전에는 기껏해야 삼각김밥이나 컵라면 정도였던 편의점 음식들이 나날이 진화해서 이제는 도시락에서부터 삼계탕까지 온갖 음식들을 간편하게 맛볼 수 있습니다. 양이나 질에 비해 가격도 비교적 저렴하여 가성비를 생각해도 최고의 선택입니다. 늘 시간이 부족한 우리 청소년들의 상황을 생각해 보면 앞으로도 편의점 음식으로 한 끼를 때우는 청소년은 점점 많아질 것입니다.

## 세계 평균 식사자의 먹거리

지금까지 살펴본 바와 같이 가정에서의 식사 시간이 줄어들면서, 외식이나 배달 음식은 물론 간편하게 먹을 수 있는 패스트푸드나 편의점 간편식에 대한 의존도가 점차 높아지고 있습니다. 얼핏 보면 다양한 외식 메뉴에 배달 음식, 패스트푸드, 편의점 간편식까지 한 끼 식사를 위한 선택지가 어마어마하게 많아진 것 같습니다. 그러나, 과연 그럴까요? 짜장면, 불고기, 탕수육, 떡볶이, 라면, 김밥, 치킨, 청소년이 좋아하는 이 음식들의 재료를 한 번 살펴봅시다.

> 동물성 식품, 밀, 쌀, 설탕, 옥수수, 대두(식용유)

세부적인 재료까지는 다 모른다고 해도, 주재료는 대부분 위에서 열거한 여섯 가지 식품 중 어느 한두 가지에 해당합니다. 영국의 음식 역사가인 비 윌슨은 위에서 열거한 여섯 개 식품만으로 하루 권장 칼로리의 대부분(약 1576kcal)을 섭취하는 것을 '세계 평균 식사자'의 특징이라고 하였습니다. 다양했던 전통 식단이 현대에 이르러 하나같이 달고 짜며 쌀과 밀, 그리고 육류로만 구성된 똑같은 식단으로 바뀌고 있다는 말입니다.

예전에는 세계 평균 식사자 같은 말은 당연히 없었습니다. 전 세계 사람들이 각자의 문화와 지역적 특색에 맞는 음식을 먹었으니까요. 우리나라 사람들은 쌀, 브라질 사람들은 옥수수, 수단 사람들은 수수로 만든 음식을 주로 먹었습니다. 그런데 전 세계 입맛이 서구화되면서 평균 식사자라는 개념이 생겼습니다. 지역에 따라, 시대에 따라 사람들의 입맛은 꾸준히 변해 왔고 앞으로도 변하겠지만, 문제는 우리의 입맛이 세계 평균 식사자의 입맛으로 수렴되어 간다는 것입니다.

민초단이니 반민초단이니 논쟁하면서 우리는 은근히 스스로 무엇인가 개성 있고 특색 있는 입맛을 가지고 있다는 자부심을 느끼기도 합니다. 그 어느 때보다 다양한 음식을 먹는 것처럼 보이죠. 하지만 실상은 전 세계 사람들이 점점 똑같은 것을 먹고 있습니다.

## 나 다이어트 중이야

"무슨 소리! 평생 그 생각만 하면서 살아왔는데! 내 나이
가 지금 마흔이거든. 다이어트를 해 온 지도 벌써 25년째
야. …… 난 별의별 방법들을 다 써 봤고, 그 결과들이 어
떤지도 다 경험해 봤지! 난 이렇게 뚱뚱하지만, 세상의 그
어느 마른 사람들보다도 더, 먹는 걸 참으며 살아왔어! 내
가 아는 뚱뚱한 사람들은 모두 다 다이어트를 하고 있지.
모두 다!"▸

미카엘 올리비에가 쓴《뚱보, 내 인생》에서 주인공 벵자맹의
삼촌이 한 말입니다. 뚱뚱하다고 놀림받는 벵자맹은 자기보다

더 뚱뚱하지만 늘 행복해 보이는 삼촌에게 물어봅니다. 삼촌은 살 빼려는 노력을 한 번도 하지 않았느냐고 말입니다. 그 물음에 대한 삼촌의 대답이었습니다.

현대인들은 대부분 다이어트를 하고 있거나, 혹은 하려고 마음먹습니다. 뚱뚱하거나 날씬하거나 관계없이 말입니다. 누군가는 혹독한 다이어트에 성공하기도 하고, 또 누군가는 입으로만 다이어트를 하기도 하고, 열심히 한 다이어트가 요요 현상 때문에 헛수고가 되기도 하죠. 역사상 오늘날처럼 먹거리가 풍부했던 시절은 없었습니다. 물론 여전히 세계 어딘가에는 굶주림에 시달리는 사람들이 있지만, 대부분 유례없이 음식의 풍요를 누리고 있습니다.

## 현대인의 가장 큰 고민, 다이어트

그러다 보니 이제 식생활과 관련된 현대인의 가장 큰 고민은 바로 '비만'입니다. 패스트푸드나 엄청난 양의 설탕이 첨가된 각종 음료들, 시도 때도 없이 즐기는 간식거리들. 이 어마어마한 칼로리의 홍수 속에서 허우적대고 있으니까요. 우리나라 아동, 청소년 비만율은 2015년 11.9%에서 2019년 15.1%로 4년간 약

4%가량 증가하였고, 코로나 시대를 지나면서 그 수치는 더 커지고 있습니다.[8]

텔레비전이나 각종 미디어에 등장하는 아이돌 가수나 연예인들은 한결같이 마른 몸매나 근육질을 자랑하고, 언론에서는 그들의 몸을 우리 청소년들의 이상형으로 만듭니다. 이런 미디어의 부추김 때문에, 청소년들은 상대적으로 자신이 뚱뚱하다고 생각합니다. 정상 범위에 속하는 체중인데도 말이죠. 엄청난 칼로리의 홍수 속에 우리를 내던져 놓고 온갖 유혹을 하면서도, 정작 우리 사회는 비만을 개인의 의지가 부족하거나 나태해서 생기는 문제로 여기며 비난합니다. 이러한 사회적 분위기 때문에 많은 아이들이 비만을 이유로 따돌림을 당하거나 열등감을 느끼게 됩니다.

오죽하면 초등학교 3학년 아이들조차 다이어트를 한다고 할까요? 최근에는 극단적으로 마른 몸매를 선호하는 분위기가 전파되고 있는데, 이를 이르는 신조어까지 나왔습니다. 바로 **프로아나족族**입니다. 이들은 단순히 다이어트를 하는 것을 넘어 뼈가 보일 때까지 마른 몸매를 지향합니다.

먹토(먹고 토하기), 씹뱉(씹고 뱉기)이 프로아나족이 살을 빼는 방법입니다. 음식 섭취를 극단적으로 최소화하는 것이죠. 때

✦ **프로아나** 찬성을 뜻하는 'Pro-'와 거식증 'Anorexia'의 'Ana'가 합쳐진 말

로는 아예 며칠씩 음식을 먹지 않습니다. 다이어트를 위해 이뇨약, 변비약, 설사약 등 각종 약물의 힘을 빌리기도 하죠. 체중을 감량하는 행위를 '조인다'라고 표현하면서 SNS에서 함께 '조일' 사람을 구하기도 합니다. 트위터에 프로아나 관련 게시글을 작성하는 사람은 대부분 청소년기 여학생이라고 합니다. 키 165cm에 몸무게 44kg 정도를 '개말라', 38kg 정도를 '뼈말라'라고 한다네요. SNS에는 '개말라', '뼈말라'가 되자며 서로를 격려하는 글이 넘쳐납니다. 언론과 미디어가 조장한 극단적 외모지상주의와 다이어트를 빌미로 각종 제품을 팔아야 하는 업체들의 결탁으로 다이어트 열풍은 점점 더 거세지고 있습니다. 이런 극단적인 다이어트 때문에 거식증이나 각종 식이 장애 문제가 생겨나기도 합니다.

## 죽을 만큼 아름다워지기

이러한 사회적 분위기 속에서 엄청난 다이어트 강박에 시달리는 우리 청소년들에게 어느 모델 이야기를 들려주고 싶습니다. 정상급 모델에서 어느 날 갑자기 은퇴를 선언한 빅투아르 도세르의 이야기입니다.

"더 이상 디자이너의 깡마른 옷걸이가 되지 않겠다."

프랑스 출신 톱 모델 빅투아르 도세르는 이렇게 당당하게 외치며 패션계를 떠났습니다. 대학 진학을 꿈꾸던 평범한 소녀, 도세르는 쇼핑을 갔다가 우연히 모델 일을 해 보자는 제안을 받습니다. 갑작스럽게 모델이 된 그녀는 두 달 만에 톱 모델이 되었죠. 키 178cm에 55 사이즈였던 그녀는 패션모델이 된 뒤 33 사이즈를 유지하기 위해 하루에 작은 사과 세 알, 탄산수만 먹는 혹독한 다이어트를 했습니다. 때로는 독한 설사약이나 관장약에 의존하기도 했지요. 그 결과 각종 패션쇼를 누비며 부와 명성을 얻었지만, 도세르는 행복하지 않았습니다.

'퇴출되지 않으려면 말라야 해.'

늘 강박에 시달렸죠. 아무리 다이어트를 해도 거울 속의 자신은 항상 통통해 보이는 신체 왜곡 현상도 겪게 됐어요. 그럴수록 더 혹독한 다이어트를 하던 도세르는 강박증과 우울증에 시달려 자살 시도까지 하게 됩니다. 죽음의 문턱에 와서야 그녀는 그동안 잘못된 미美의 기준에 자신의 몸을 맞추려고 애쓴 것을 깨닫고, 미련 없이 모델 일을 그만둡니다.

죽을 만큼 아름다워지기

그녀가 은퇴한 이후 쓴 책의 제목입니다. 죽을 만큼 노력해서 아름다워지자는 의미가 아니라, 남들이 정한 기준에 따라 아름다워지려다가 죽을 수도 있다는 뜻입니다. 사춘기 소녀들이 그토록 집착하는 외모의 기준은 누가 정한 것일까요? 바로 우리 사회가 만든 것입니다. 자신이 정한 기준이 아니라 다른 사람이 정한 기준에 의존하다 보면, 아무리 노력해도 행복해지기 어렵습니다.

도세르는 말합니다.

"세상이 정한 수치를 좇지 말고 자신의 꿈을 찾으라."

# 잘 먹는다는 것

②

당신이 먹는 것이 바로 당신이다.

_ 루드비히 포이어바흐

**살기 위해 먹든
먹기 위해 살든**

인간은 먹어야 삽니다. 생명과 직결된 일이고 하루에 세 번, 적어도 두 번 이상은 먹어야 하는데, 먹는 행위가 고통스러운 일이라면 얼마나 끔찍할까요? 먹는다는 것이 인간에게 즐거운 일이라서 참 다행입니다. 리처드 도킨스는 《이기적 유전자》라는 책에서 모든 생명체는 유전자의 자기 복제를 유리하게 하는 방향으로 진화한다고 했습니다. 인간의 유전자가 먹는 행위에서 행복을 느끼도록 설계된 것도 인간이라는 개체 보존을 위한 진화의 결과일 것입니다. 즉 행복은 그 자체가 목적이 아니라, 생존을 위한 수단이기도 합니다.

행복은 욕구가 해소되었을 때 느끼는 만족감이라고 할 수 있습니다. 그런 의미에서 먹는 것이야말로 행복의 출발이죠. '금강산도 식후경'이라는 말이 괜히 생긴 것이 아니지요. 배고픔의 욕구가 해소되지 않으면 뭘 해도 즐겁지 않을 테니까요. 그런데 여기서 말하는 행복이란 단순히 '배고픔'이라는 생리적 욕구를 충족했을 때 느끼는 행복만을 의미하는 것은 아닙니다.

## 음식에 대한 기억과 먹는 즐거움

인간이 태어나서 제일 처음 먹는 음식이 무엇인가요? 바로 모유입니다. 갓 태어난 아기는 엄마와 눈을 마주하고 엄마의 따뜻한 체온을 느끼면서 생애 첫 음식을 먹습니다. 생애 첫 음식의 기억이 바로 이 따뜻한 사랑의 감정입니다. 음식에 대한 이 따뜻한 기억은 이렇게 아기의 무의식에 자리 잡게 됩니다.

아기는 자라면서 가족과 함께 음식을 나누어 먹고, 친구들과 만날 때도 음식을 매개로 즐겁게 이야기하면서 추억을 쌓아나갑니다. 요리사 박찬일은 말합니다.

"추억의 절반은 맛이다."

과거의 즐거운 기억을 떠올리다 보면, 그 속에 음식에 대한 기억이 함께 있는 경우가 많습니다. 그런 의미에서 먹는다는 것은 사람과 사람 사이의 관계를 이어주고, 애정의 욕구를 채워주는 행위입니다. 애정의 욕구가 채워질 때 사람들은 정서적 안정을 얻고, 더 높은 단계의 행복을 추구할 수 있는 힘을 얻게 되지요. 힘들고 외로울 때 우리는 따뜻한 밥 한 끼를 통해 지친 몸과 마음에 위안을 받습니다. 즉 인간에게 먹는다는 것은 생존을 위한 본능, 그 이상의 역할을 합니다.

인간이 혼자서 먹을 것을 얻는 것보다 여럿이 힘을 합쳐서 먹을 것을 구하는 것이 훨씬 유리했기 때문에 사회를 이루며 살게 되었다고도 합니다. 어떻게 하면 먹을 것을 더 쉽게, 더 많이 구할 수 있을까 고민하는 과정에서 인류 문명이 발전했다고 해도 과언이 아니죠. 각각의 지역에서 주어진 환경에 맞는 먹거리를 찾고, 힘을 합쳐 농사를 짓는 과정에서 그 지역의 고유한 문화가 생겨난 것입니다.

그런 의미에서 인류의 역사를 음식의 역사라고 하는 사람들도 있어요. 인간의 뇌가 다른 동물보다 훨씬 커진 것도 먹을 수 있는 것인지 아닌지, 어떻게 하면 먹을 것을 더 잘 구할 수 있을지 고민한 결과라고 하니, 먹는다는 것이야말로 인간의 역사이자 인간 그 자체라고 할 수 있을 것 같아요.

프랑스의 미식가 브리야 사바랭은 '먹는다는 것'의 의미를 '먹는 즐거움'과 '식탁의 즐거움'으로 구분하였습니다. '먹는 즐거움'이란 음식을 입안에 넣는 행위 그 자체에서 얻어지는 욕구 충족을 말합니다. '식탁의 즐거움'이란 먹는 행위를 하는 가운데 사람, 사물, 사건들의 다양한 상황을 음미하는 감각을 말합니다. 물론 식탁의 즐거움은 먹는 즐거움에서 시작되지만, 결국

은 사람들의 대화를 통해 완성됩니다. '날것'이 '요리'를 통해 음식이 되는 것처럼, '먹는 행위'는 식탁의 즐거움을 통해 '식사'가 되는 것입니다.

## 먹기 위해 사는 우리

사람들은 참 많은 것을 먹습니다. 먹어야 할 것은 물론이요, 먹지 말아야 할 것까지 가리지 않고 먹어치웁니다. 먹으면 안 되는 줄 알면서도 '뇌물'을 먹어서 탈이 나기도 하고, 먹기 싫지만 '나이'도 먹고, '욕'도 먹습니다. 뭔가를 해 보겠다고 '마음'을 먹기도 하고, 뭔가에 놀라 '겁'을 먹기도 합니다.

'먹다'라는 단어는 정말로 많은 뜻으로 쓰입니다. 한 단어가 이렇게 많은 의미로 쓰인다는 것은 그만큼 중요한 단어라는 뜻이기도 하죠. 먹지 않으면 살 수 없으니, '먹다'는 인간의 생존과 직결된 가장 중요한 단어임에는 틀림없어요.

먹거리가 귀하던 시절 우리는 살기 위해 풀뿌리나 나무껍질까지 먹었습니다. 맛을 따질 형편이 아니었죠. 배를 곯지 않는 것이 지상 최대의 과제였으니까요. 그런데 먹거리가 풍요로워진 지금은 살기 위해 먹는 것이 아니라 먹기 위해 사는 것 같습니다. 먹는 일에 이렇게 진심이었던 적이 있었나 싶습니다. 마음에 흡족한 식사를 하고 나면, 우리는 이렇게 말합니다.

자~알 먹었다.

'잘 먹는다는 것'은 무엇을 뜻할까요? 예전에는 '배불리' 먹는 것이 가장 '잘' 먹는 것이었습니다. 못 먹던 시절에 생겨난 과식 DNA가 아직 우리 몸속에 남아 있어서 우리는 본능적으로 많이 먹으려고 합니다. 옛날에는 그래야 살아남았으니까요. 혹시 식탐이 있다며 놀림을 받거나, 늘 다이어트에 실패해서 자책할 때는 이렇게 당당하게 말하세요.

그건 내 탓이 아니야, 내 몸속에서 꿈틀대는 생존 본능 DNA 때문이야.

어쨌거나 요즘은 아무도 배불리 먹는 것을 권하지 않습니다. 늘 과식하지 말라고 하죠. 그러니 배불리 먹는 것을 잘 먹는 것이라고 말할 수는 없을 것 같아요. 그러면 '맛있는' 것을 먹는 것이 '잘 먹는' 것일까요? 맛있는 음식을 먹으면 저절로 행복해지니까요. 그렇다면 맛있는 것은 어떤 것일까요? 각자의 입맛에 맞으면 맛있는 것일까요? 그런데 한편 사람들이 맛있다고 찾는 것은 비슷합니다. 또한 맛있는 것만 찾아 먹으면, 오히려 건강을 해치는 경우도 많습니다. 맛있는 것을 먹는 것이 잘 먹는 것이라고 하기에는 뭔가 꺼림칙합니다.

바퀴벌레는 지구에 핵전쟁이 나도 마지막까지 살아남을 생명체라고 할 정도로 생명력이 끈질긴 곤충입니다. 이 바퀴벌레를 멸종시키는 법이 무엇인지 아나요? 바로 건강에 좋다고 소문내는 것입니다. 물론 우스갯소리입니다. 하지만 잘 먹는다는 것은 결국 몸에 '좋은' 음식을 먹는다는 뜻이기도 합니다. 건강하게 더 잘 살기 위해 먹는 것이니까요. 그런데 어떤 것이 건강에 좋을까요? 방송에서는 날마다 몸에 좋다는 식품을 광고하지만, 매번 그 대상이 달라집니다. 어떤 때는 만병통치약이었던 것이 또 어떤 때는 건강을 해치는 음식이 되기도 하죠. 도대체 어떤 것이 몸에 좋은 것일까요?

## 우리가 먹는 것이 무엇인지에 대한 관심

다시 '먹다'라는 단어를 생각해 봅시다.

나는 ○○을 먹는다.

'먹다'는 '○○'이 중요한 단어입니다. 무엇을 먹는지가 중요하지요. 그런데 우리는 그동안 먹는 행위 자체에만 의미를 두고, 우리가 먹는 것이 무엇인지에 대해서는 큰 관심이 없었습니다. 내가 무엇을 먹었는지 남에게 보여주고 자랑하는 데 열을

올리면서 정작 내가 먹는 음식 자체에는 관심이 없었죠. 날마다 배달 플랫폼에서 피자를 시킬지, 치킨을 시킬지 늘 고민하는데 음식 자체에 관심이 없다니 도대체 무슨 소리일까요? △△치킨에서 새로운 메뉴가 나오면 그 맛이 궁금해 참을 수가 없고, 하루 일과에서 오늘 저녁에 뭐 먹을지가 가장 큰 고민인데도요?

'음식' 자체에 대한 관심이란 이 음식이 어떻게 만들어지고, 어떻게 여기까지 왔는지, 그리고 이 음식들로 인해 나의 몸에, 우리 사회에, 우리 지구에 어떤 일이 일어날 수 있는지를 고민하는 것입니다. 그런데 음식에 대한 요즘 사람들의 관심은 딱 한 가지뿐입니다.

맛이 있는가, 맛이 없는가.

식습관의 변화
영양 전이
5단계

인간은 끊임없이 무엇을 먹을 것인지 선택해 왔어요. 먹거리가 풍부하지 않았던 시절에 가장 큰 선택의 기준은 '배불리' 먹을 수 있느냐였죠. 배불리 먹으려면 주어진 환경에서 가장 구하기 쉬운 음식을 '주식'으로 선택해야 유리합니다. 그뿐인가요? 주식에 따라 밥상 모습도 달라집니다. 어떤 음식을 선택했느냐에 따라 그 사회의 역사도 변하죠. 그래서 음식의 역사는 곧 인류의 역사라고 말합니다.

영양학자 배리 팝킨은 인류가 진화하는 과정에서 특정 시기에 일어나는 커다란 식단 변화를 '영양 전이nutrition transition'라고 정의했습니다. 기술 및 경제 발전에 따라 인구가 늘어나고, 기후의 변화에 따라 생태 환경이 변하면서 식단이 바뀌게 되고, 그에 따른 '영양 전이'가 일어나는 거죠. 팝킨은 이 영양 전이를 5단계로 구분했습니다.

## 수렵 채집 단계에서 곡물 중심 식단으로

1단계는 수렵 채집으로 먹을 것을 구했던 시기를 말합니다. 구석기 시대에 인간은 자연에서 채취한 채소와 과일, 사냥해서 얻은 야생 동물을 먹었습니다. 식물과 동물에서 골고루 음식을 얻었죠. 이 시기의 인간은 먹을 것을 구하기 위해 하루 종일 사냥하고, 온 산과 들을 누비며 과일과 열매를 땄습니다. 날카로운 이빨과 손톱도 없고 힘도 그다지 세지 않은 인간이 혼자서 먹을 것을 구하려면 쉬운 일이 아니었죠. 자칫하다가 맹수의 밥이 될 수도 있으니까요. 그래서 이 시기의 인간은 서로 협력해야 했고, 사회를 이루어 살게 되었습니다.

이 시기의 사람들은 기대 수명이 아주 짧았습니다. 전염병으로 목숨을 잃거나 맹수의 공격으로 갑작스럽게 죽음을 맞이하는 경우가 많았기 때문이죠. 그렇지만 운이 좋아서 무사히 성인이 되면 대체로 건강도 좋았고 영양 결핍도 없었다고 해요. 매일 먹을 것을 구하기 위해 산으로 들로 쉼 없이 뛰어다녔으니, 튼튼한 근육이 생겼을 것 같지 않나요?

그런데 수렵과 채집으로 먹거리를 얻는 생활은 불안정했습니다. 사냥에 성공한 날은 배불리 먹을 수 있었지만, 그렇지 못하면 며칠씩 굶어야 했으니까요. 산과 들에 온갖 과일이 나는 봄부터 가을까지는 큰 문제가 없었지만, 추운 겨울에는 사냥밖에 답이 없는데 한겨울 사냥은 쉬운 일이 아니었죠. 그래서 인간은 먹을 것을 구할 수 있는 좀 더 안정적인 방법을 찾습니다. 보관이 쉬운 곡물을 '주식'으로 선택하고 '농사'를 짓기로 한 거죠. 농사를 짓기 시작하면서 인간의 식단은 2단계로 넘어갑니다.

2단계는 농사를 시작한 농경 시대를 말합니다. 식물과 육류가 반반씩 차지하던 수렵 채집 시기의 식단은 이제 곡물 중심 식단으로 바뀝니다. 농사를 지으면서 여분의 식량이 생긴 덕분에 사람들은 식량 채집에 매달리지 않게 되었고, 여유 시간도 생기면서 문명이 발달하게 되었죠. 그런데 농사를 짓다 보니 사람들이 먹는 음식의 종류는 덜 다양해졌고, 농사가 잘 되지 않으면 굶주림에 시달려야 했습니다. 곡물 위주의 식생활에 먹는 양까지 부족해서 인간은 체구가 작아지고 여러 결핍성 질환에 시달리게 됩니다. 생산량을 더 늘려야 했죠. 농업 기술의 발전에 힘썼습니다.

# 농업 기술의 발달과 음식의 동질화

3단계는 농업 기술이 발전하면서 생산량이 많아지는 시기입니다. 인간은 더 다양하고 풍성한 음식을 먹게 되었죠. 곡물은 덜 먹고 동물성 단백질과 함께 다양한 채소를 섭취합니다. 재료를 보관하는 방법이 다양해지면서 요리도 다양해졌습니다. 영양가 높은 음식을 먹자 괴혈병과 각기병 같은 결핍성 질환도 줄어들었죠. 그러나 여전히 많은 인구가 풍족하게 먹기는 힘들었습니다. 그래서 대규모의 기계식 농업, 공장식 축산 등으로 생산량을 획기적으로 늘리는 방법을 찾아냈습니다. 인간의 식단은 이렇게 4단계로 넘어갑니다.

4단계는 지금 세계가 직면해 있는 시대입니다. 가공식품과 마케팅 분야가 혁명적으로 발전하면서 지방과 육류, 설탕은 더 먹고 섬유질은 훨씬 덜 먹게 되었습니다. 의학의 발전으로 기대 수명이 높아졌지만, 아이러니하게도 식단과 관련된 만성 질환으로 고생하는 사람 또한 많아졌어요. 비만이 늘어나는 한편 영양 부족 현상도 동시에 나타났죠. 제2차 세계대전 이후 서양에서 일어난 4단계 영양 전이는 지금도 저소득 국가 또는 중간 소득 국가에서 더욱 빠른 속도로 진행되고 있습니다.

4단계에서 일어난 가장 큰 변화는 음식의 '동질화'입니다. 세

계인들이 하나같이 비슷한 음식들을 먹는다는 뜻이에요. 나라에 따라 조리법이 조금씩 다르기는 하지만, 재료가 동일해졌습니다. 거대 농장에서 생산된 농산물들이 바다를 넘나들며, 세계인의 식단에 영향을 주었습니다. 심지어 세계 어디를 가도 똑같은 음식을 찾을 수도 있지요. 어느 햇살 좋은 일요일에 소파에 누워 과자를 먹으며 여유롭게 휴가를 즐기고 있을 때, 똑같은 시간 지구 반대편에서 누군가 나와 같은 자세로 누워 같은 브랜드의 과자를 먹고 있을지도 모릅니다.

1단계 수렵 채집 사회에서 2단계 농업 기반 사회로 넘어가는 데는 수천 년이 걸렸습니다. 2단계에서 3단계로 넘어가는 데는 몇 세기가 걸렸지요. 그런데 3단계에서 4단계로 넘어가는 데는 겨우 몇십 년밖에 걸리지 않았습니다. 중국이나 인도는 10년도 안 되는 기간에 서구식 식단으로 급격하게 변화되었습니다.

## 판도라 상자에 남은 희망, '행동 변화'

다행히도 배리 팝킨은 '5단계'를 남겨놓았습니다. 마치 판도라의 상자에 마지막 남은 '희망'처럼요. 이 5단계는 아직 일어나지 않은 단계이면서 일어나기를 바라는 단계입니다. 바로 '행동 변화'의 단계이죠. 세계 인구의 대다수가 음식의 풍요를 누리면서도 지금보다 더 많은 신체 활동을 하고, 더 신선한 음식을 더 저렴한 가격으로 쉽게 구할 수 있는 단계입니다. 이 시기에는 채소와 과일을 지금보다 더 많이 먹으면서, 음식과 관련된 여러 질병이 줄어들게 됩니다. 즉 5단계는 모든 사람이 즐겁게 먹으면서 살아가는 단계라고 할 수 있죠. 팝킨은 5단계로 가기 위해서는 올바른 식품 정책이 필요하다고 강조합니다. 지금보다 더 나은 식생활을 위한, 더 나은 우리의 선택이 필요한 것이죠.

**갈수록
어려워지는
선택**

커피는 건강에 이롭다? 해롭다?

달걀노른자는 먹는 게 좋다? 먹지 않는 게 좋다?

초콜릿은 다이어트에 좋다? 나쁘다?

이 질문들에 대한 정답은 매번 달라집니다. 전문가조차 의견
이 다른 경우가 허다합니다. 비만의 원인으로 지목되었던 지방
이 '저탄고지' 다이어트 열풍으로 그간의 불명예를 벗어던지기
도 하고, 오랫동안 인간의 주식이었던 '탄수화물'이 새롭게 비
만의 원인으로 지목되어 식탁에서 밀려나기도 합니다. 무엇이
진짜 몸에 좋은 건지 정말 알기 어렵습니다.

# 도대체 오늘 뭘 먹지?

어려운 건강 상식 문제는 둘째로 치더라도, 음식과 관련해서 우리에게 가장 어려운 문제는 바로 다음입니다.

오늘 뭐 먹지?

세상에서 제일 어려운 고민 중 하나이죠. 물론 때로는 가장 행복한 고민일 수도 있지만요. 음식과 관련해서 우리에게는 정말 많은 선택지가 있습니다. 외식, 배달 음식의 종류도 정말 많습니다. 마트에 가도 정말 많은 음식이 우리를 기다리고 있죠.

갈수록 그 종류도 많아지고 있습니다. 선택지가 많아지면 많아질수록 선택은 점점 어려워집니다.

오랜 시간에 걸쳐 인류의 식단이 변하는 과정에서 인간은 주변의 많은 동물과 식물을 먹을 수 있는 것과 먹을 수 없는 것으로 구분해 왔습니다. 새까만 색깔 때문에 독이 있을 것 같은 철갑상어의 알도 과거에 용기 있는 누군가가 먹어본 덕분에 오늘날 최고의 음식 재료로 대접받고 있는 것입니다. '지옥의 냄새'와 '천국의 맛'을 동시에 가졌다는 두리안 역시 그 옛날 구릿한 냄새에도 불구하고 과감하게 먹어본 누군가의 용기 덕분에 지금은 귀한 과일로 슈퍼마켓 과일 코너 한쪽을 차지하고 있죠. 물론 여전히 호불호는 있지만 말입니다.

먹을 수 있는 음식 리스트는 이렇게 많은 사람들의 경험이 차곡차곡 쌓여서, 하나의 문화로 인간의 역사에 자리 잡아 왔습니다. 그렇게 각 문화권 고유의 일상적인 식단과 특별한 기념일에 먹는 음식 등으로 굳혔지요. 그래서 전통적인 식생활을 하는 사람들은 먹거리에 대해 크게 고민하지 않아도 되었습니다. 우리나라의 경우를 볼까요? 평소엔 밥과 김치, 계절에 따른 나물, 적당한 국거리를 먹습니다. 특별한 날에도 별로 고민하지 않습니다. 설날엔 떡국, 동지엔 팥죽, 정월대보름에는 오곡밥을 먹으면 되니까요.

그런데 식품 산업과 식품 과학이 발전하면서 엄청난 종류의 음식들이 생겨나고, 세계화의 영향으로 서구식 먹거리들이 밀려오면서 우리는 혼란에 빠졌습니다. 아이러니하게도 음식이 많아지고 풍요로워질수록 고민스러워집니다. 단지 더 맛있는 것을 먹고자 하는 고민 외에도 먹을 수 있는 음식인가 아닌가를 두고 다시 고민하고 있지요.

　예전에는 먹을 것이 있기만 하면 되었습니다. 내가 무엇을 먹고 싶은지보다는 지금 구할 수 있는 것이 무엇인지가 더 중요했죠. 그런데 지금은 내가 무엇을 먹어야 할지 스스로 답을 구하기조차 어렵습니다. 인터넷을 뒤져 전문가의 조언에 귀를 기울여 보지만, 그들이 주는 정보도 마냥 믿기가 힘듭니다. 사과 하나를 사려고 해도 그냥 사과인지 유기농 사과인지, 유기농 사과라면 국내산인지 수입산인지 고민해야 합니다. 동물 복지에 관심이 있다면 채식주의자가 되어야 하나 고민하기도 합니다. 채식주의자가 된다면 도대체 어느 수준의 채식주의자가 되어야 할지도 고민입니다.

# 먹거리 선택이 어려운 이유

　먹거리 선택이 이렇게 어려워진 이유는 우리에게 그 음식들에 대한 정보가 너무 없기 때문입니다. 과거에 우리는 먹거리를 항상 우리 주변에서 얻었습니다. 저녁 밥상에 올라온 호박이나

마트에 진열된 과일과 육류

오이는 부모님이 직접 기른 것이었고, 사위가 와야만 내놓던 귀한 씨암탉도 뒤뜰에 풀어놓고 직접 기른 것이었습니다.

하지만 현대의 먹거리는 생산자와 소비자 사이가 너무 멉니다. 야채 코너에 가면 온갖 종류의 과일과 채소들이 놓여 있고, 육류 코너에 가면 온갖 종류의 고기들이 네모난 팩에 담겨 있지만, 소비자는 이 먹거리가 어떻게 만들어졌고 어디에서 왔는지 알지 못하죠. 원시 수렵 채집 시기에는 온전한 모습으로 있던 것들이 지금은 잘 다듬어져서 원래의 형체를 알 수 없는 채로 네모난 팩에 담겨 판매되고 있습니다. 감자나 고구마는 흙이

진열대에 가득 쌓인 초가공식품

깨끗이 제거되어 네모난 상자에 담겨 있고, 당근 역시 잔뿌리가 다듬어져 미끈한 모양으로 누워 있습니다. 그것들이 흙에서 자라난 것이라고 생각하기 어렵습니다. 고기는 피와 뼈와 심장이 제거된 채로 네모난 스티로폼 팩에 담겨 있어서 그것이 원래 생명이 있는 존재였다는 사실조차 잊게 됩니다.

그리고 또 한쪽에는 동물인지 식물인지 도무지 알 수 없는 재료로 만들어진 음식들도 즐비합니다. 이른바 **초가공식품** ultra-processed foods입니다. 식품 성분 분석표를 읽어보아도 어려운 화학 용어들만 가득해서 재

✦ **초가공식품** 식품첨가물이 많이 들어간 가당 음료, 초콜릿, 케이크, 아이스크림, 사탕, 에너지바, 시리얼, 소시지, 가공육 등

료가 무엇인지 알 길이 없습니다. 음식에 관해 많은 정보를 주는 듯하지만, 정작 우리가 알아야 할 정보는 주지 않습니다. 저널리스트이자 환경운동가인 마이클 폴란은 이 초가공식품들을 먹을 수 있는 음식 같은 '물질'이라고 표현했습니다. 먹을 수는 있지만, 진정한 의미에서 음식이 아니라는 것이죠.

# 잘못 먹는다는 것

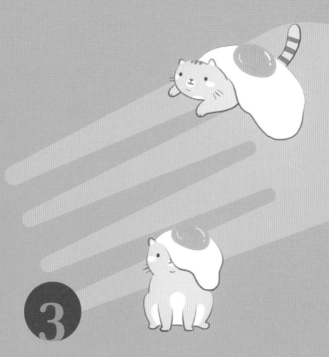

3

식사와 관련해서 인간은 늘 네오포비아(새로운 것에 대한 두려움)와 네오필리아(새로운 것에 대한 사랑) 사이 어디쯤에 위치한다. 우리는 독이 있는 산딸기를 먹고 죽기를 원치 않는다. 하지만 우리 몸에 에너지를 주고 혀에 즐거움을 줄 온갖 좋은 것들을 놓치는 것 또한 원치 않는다.

_ 비 윌슨

**방 안에 있는 코끼리**

어느 날 갑자기 우리 집 방 안에 커다란 코끼리 한 마리가 들어와 앉아서 자리를 차지하고 있습니다. 코끼리가 너무 커서 조금만 움직여도 코끼리에 걸립니다. 그런데 가족들은 빤히 코끼리를 보면서도 살살 피하기만 합니다. 심지어 코끼리가 마치 그 자리에 없는 것처럼 아무도 코끼리에 대해 말하지 않습니다.

"이 녀석이 왜 여기 있는 거야?"

묻고 싶지만, 계속 모른 척하는 가족들을 보면 왠지 그런 말을 꺼내서도 안 될 것 같습니다. 결국 자신도 더 이상 코끼리에 대해 신경 쓰지 않기로 합니다. 엄청 불편하고 신경 쓰이는 데도 말이죠.

　　방 안에 있는 코끼리

어떤 중요한 문제가 있는데 분위기상 그 이야기를 꺼내는 것이 거북하거나 위험하다고 느껴져 모두가 입을 다물고 있는 상황에 쓰는 말이라고 합니다.

## 음식에 대해 말하지 않는 것들

우리가 가장 좋아하는 음식 중 하나인 치킨에 대해 이야기해 볼까요? 우리가 먹는 치킨은 모두 암탉이라는 거 아나요? 여름에 먹는 삼계탕도 모두 암탉이에요. 그걸 어떻게 아느냐고요? 알에서 깨어난 수평아리는 바로 가스로 질식당하거나 산 채로 컨베이어 벨트 위에 올려져서 분쇄기 속으로 던져지고 말거든요.

수컷이라는 이유로 잔인한 죽음을 당하는 이유는 바로 경제성 때문이에요. 수평아리는 움직임이 많아서 암평아리보다 사료를 더 많이 먹어 비용이 많이 드는데, 달걀도 낳지 못합니다.

그래서 처음부터 수평아리를 감별해서 분쇄기로 갈아버리는 거죠.[9] 끔찍하다고요? 그러나 우리는 소파에 앉아 손쉽게 치킨을 주문해 먹으면서도 분쇄기에 갈리는 수평아리에 대해서는 말하지 않습니다.

수퇘지는 어렸을 때 모두 거세를 당하고 꼬리와 어금니도 잘립니다. 마취도 없이 말이죠. 또 몸도 제대로 움직일 수 없는 좁은 우리에 갇혀서 평생을 살아야만 합니다. 수퇘지를 거세하는 이유는 그렇게 하지 않으면 돼지고기에서 특유의 노린내가 나서 상품 가치가 없어지기 때문이라고 합니다. 돼지는 그냥 상품일 뿐 생명으로 인정받지 못하는 거예요.

어떤 면에서 현대의 먹거리 체계는 기적과도 같습니다. 기하급수적으로 늘어나는 인구를 식량 생산량이 따라잡지 못해 전 세계가 굶주려야 할지도 모른다는 염려를 비웃듯 현대의 먹거리 체계는 80억 인구를 먹여 살리고 있으니까요. 이를 위해서 어쩔 수 없이 희생해야 하는 것들이 있다고 식품 회사는 말합니다. 80억 인구를 먹이기 위한 가장 큰 과제는 생산량 증대이고, 그러려면 경제성을 높여야 한다고요. 자본주의 경제에서는 비용이 저렴하면 경제적인 것이고, 더 저렴한 방법을 선택하는 것이 합리적이라고 말합니다. 소비자 입장에서도 당장 주머니 사정을 생각해서 저렴하면 감사한 일입니다. 거기에 맛까지 좋으면 완전 땡큐죠. 그러니 저렴한 비용 속에 가려져서 어떤 일들이 벌어지고 있는지에 대해서는 짐짓 모른 척합니다.

## 탈자연화되는 먹거리

친구가 대만을 여행하던 중 오리 혀 요리를 보고 기겁한 적이 있다고 합니다. 정말이지 먹고 싶지 않은 모양새였다고 해요. 그런데 문득 이런 생각이 들었습니다.

'오리 고기는 잘 먹으면서 오리 혀는 왜 못 먹을까?'

좀 이율배반적이지만 구체적인 부위가 어디인지 알면 아무래도 전체적인 모습이 연상되어서 살아 있는 생명을 먹는다는 인식이 강해집니다. 뭔가 야만적인 것 같고 죄책감도 들죠. 다소 징그러워 보이는 모양새도 한몫합니다. 조각조각 나누어 튀긴 치킨은 너무나 잘 먹으면서 머리째 튀겨낸 중국식 통닭을 보면 기겁을 하는 것도 좀 비슷한 경우가 아닌가 싶습니다.

먹는다는 것은 어쩔 수 없이 생명을 죽이는 일입니다. 죄책감이 생길 수밖에 없죠. 그리고 그 먹거리가 먹이 사슬 단계에서 인간과 가까운 고등 생물일수록 죄책감은 더욱 커집니다. 음식인류학자 리언 래퍼포트는 이 죄책감을 없애기 위해 인간은

오리 혀 요리

식재료를 '탈자연화'한다고 하였습니다. 쉽게 말해서 생명체가 죽은 다음, 음식 재료로 바뀌는 과정을 소비자가 보지 못하도록 하는 것입니다. 살아 있는 생명을 죽여서 음식으로 먹는다는 사실을 잊게 해줌으로써 죄책감을 덜어주는 것이죠. 과거에는 음식을 먹는 사람이 직접 해야 했던 과정을 이제는 산업화된 먹거리 체계가 대신해 줍니다.

푸른 목장에서 뛰노는 송아지는 아름다운 풍경 그대로 남겨두고, 잘 손질되어 사각 팩에 담긴 먹음직스러운 선홍색 고기는 고기로만 보게 됩니다. 현대 사회의 상업적인 먹거리 체계에

서는 소든 닭이든, 당근이든 감자든 그것이 원래 살아 있을 때의 자연적인 모습이 아닌 마치 하나의 공산품인 것처럼 소비자에게 제공됩니다. 물론 소비자의 편의나 위생적인 측면, 그리고 심리적인 측면까지 고려한 것이며, 먹거리의 생김새나 냄새에서 오는 거부감을 줄이는 데에도 도움이 됩니다.

그렇지만 그로 인해 우리는 생명을 먹고 있다는 사실을 종종 잊게 됩니다. 탈자연화 과정에서 우리는 자연을 지배의 대상으로만 보고, 인간이 자연에서 먹을 것을 취하는 것을 너무나 당연하게 여깁니다. 인간을 위한 먹거리로 대상화된 모든 생명들을 존중하고 감사하는 마음을 잊게 되는 것이죠.

먹거리의 역사는 인간에 의해 바뀌어 왔습니다. 날것에서 익힌 것으로, 미각에서 시각으로, 살기 위한 것에서 먹기 위한 것으로, 생존에서 권력 과시로. 이 과정에서 때로는 먹거리의 탈자연화가 꼭 필요한 경우도 있고, 이를 '문명화'의 과정으로 보는 사람도 있습니다. 하지만 생명을 가진 것들이 먹거리로 바뀌는 과정에서 벌어지는 일에 대한 관심은 우리 몸을, 궁극적으로 모든 생명의 지속 가능성을 지키는 일이 될 것입니다.

이거 정말
먹고 싶은 거
맞아?

행동생태학자 프레드 프로벤자는 여러 가지 실험을 통해 동물들은 자신에게 필요한 영양소가 무엇인지를 본능적으로 알고 그 영양소가 들어 있는 먹이를 찾아 먹을 수 있다는 사실을 밝혀냈습니다. 그리고 인간의 입맛은 개인에 따라 모두 다르며, 인간은 자기 몸에 필요한 영양소가 무엇인지 본능적으로 안다고 말합니다.[10] 물론 자연 상태의 먹거리 환경에서 말이죠. 그런데, 양적인 성장만을 추구한 산업화된 먹거리 체계와 영양가라곤 없는 가짜 음식인 초가공식품에 중독된 현대인들은 이런 선택 능력을 점점 잃어가고 있다고 프로벤자는 말합니다.

# 입맛의 선택

프레드 프로벤자는 책《영양의 비밀》에 한 실험을 소개했습니다. 1936년
시카고의 소아과 의사 클라라 데이비스가 발표한 것으로, 인간이 음식을
선택할 수 있는지 알아보는 최초이자 아주 중요한 실험이었습니다.
데이비스는 보육원에서 생후 6개월에서 11개월 된 아이 15명을 대상으로
6년간 실험했습니다. 이 아이들은 어른 음식을 먹어본 적이 없고 어른들의
생각에 영향을 받은 적도 없었습니다. 그래서 아이들은 제공되는 음식과
관련해 어떤 편견이나 선입관도 없었죠. 데이비스는 지방과 탄수화물,
아미노산, 미네랄, 비타민 등이 골고루 섞인 서른네 가지 음식을
아이들에게 제공했습니다. 아무도 아이들에게 어떤 음식을 먹어야 하는지
암시하지 않았죠. 아이들은 매 끼니마다 몇 가지 음식과 한 가지 음료를
자유롭게 선택해서 먹었는데 그중에는 뇌와 도가니, 골수 같은 어른들조차
거부감을 느낄 수 있는 음식도 포함되어 있었습니다. 그런데 연구 기간
내내 두 명의 아이가 같은 음식을 선택하는 경우는 단 한 번도 없었고,
날마다 같은 음식 조합을 선택하는 아이도 없었습니다. 그럼에도 불구하고
이 아이들은 영양 상태가 좋고 건강하게 잘 자랐습니다.

# 경험이 입맛을 좌우한다

사람마다 좋아하는 음식이 다른 이유는 너무 당연하게도 각자 '입맛'이 다르기 때문입니다. 입맛은 음식을 먹을 때 입안에서 느끼는 맛에 대한 감각이자 맛에 대한 선호도입니다. 입맛은 맛에 대한 피드백을 통해 결정됩니다. 우리가 음식을 먹었을 때 느끼는 맛과 그 음식이 우리 몸에 미치는 영향에 의해 그 음식에 대한 호불호가 갈린다는 말이죠.[11] 맛도 좋고, 먹은 뒤에 탈도 없고 건강하다면 선호도가 높아지겠죠. 맛은 좋지만, 먹은 뒤에 탈이 난다면 그 음식은 다시 먹지 않을 거예요. 반면에 맛이 좀 없더라도, 먹은 뒤에 몸에 좋다고 느끼면 다시 먹겠죠. 그렇게 자꾸 먹다 보면 맛도 좋다고 느낄 수 있습니다.

홍어를 먹어본 적이 있나요? 처음 홍어를 먹게 되었다고 생각해 볼게요. 우선 홍어에서 나는 그 역한 냄새 때문에 어떤 사람은 아예 처음부터 먹기를 거부합니다. 가끔은 용기를 내서 먹어보는 사람도 있죠. 그런데 씹는 순간, 역한 냄새와 함께 입안에서 뭔가 톡 쏘는 맛이 나고 입천장이 벗겨지는 바람에 도저히 삼키지 못하고 뱉어버립니다. 혹은 겨우 참고 먹었는데 다음 날 설사를 합니다. 그러면 그 사람은 홍어라는 음식에 대해 거부감을 갖게 되겠죠. 그런데 또 어떤 사람은 다소 역한 냄새가 나긴

했지만 참고 먹었더니 먹는 순간 코가 뻥 뚫리면서 뭔가 속이 시원해집니다. 먹고 나서 속도 편해지고 어쩐지 피가 맑아진 느낌도 듭니다. 이 사람은 홍어의 맛에 대해 좋은 피드백이 생기게 되고, 이제부터 홍어를 좋아하게 되겠죠. 그러다가 나중에는 그 냄새마저 좋아하게 될 수도 있습니다.

이런 식의 경험을 통해 음식에 대한 개인의 선호도가 만들어집니다. 음식에 대한 선호도가 결정되는 가장 중요한 시기는 만한 살부터 세 살까지의 유아기라고 합니다. 어린아이가 모유나 분유를 떼고, 새로운 음식을 하나씩 맛보는 과정에서 경험하는 피드백이 이 아이의 입맛을 결정하는 것이죠. 새로운 음식에 대한 두려움이 가장 큰 시기도 바로 이때입니다. 이 시기에 어떤 입맛을 갖느냐에 따라 평생 입맛이 결정되지요. 그야말로 세 살 입맛 여든까지 갈 수도 있다는 뜻입니다. 각각의 음식에 대한 피드백은 그 아이가 가진 유전적 특질에 따라 약간씩 다를 수는 있겠지만, 이 시기에 다양한 음식을 경험해 보지 않은 아이는 어른이 되어도 음식에 대한 선호도가 제한적일 수밖에 없습니다. 음식 환경이 중요한 이유입니다.

그런데 현대 사회는 너무 바쁩니다. 참을성 있게 충분한 시간을 주면서 아이들이 다양한 음식을 경험할 여유를 주지 않습니다. 그저 주위에서 구하기 쉬운 것들로 음식을 경험할 수밖에 없습니다. 게다가 일단 우리 주변에 음식이 너무 많습니다. 그리고 그 음식들은 대부분 가공된 음식들입니다. 원재료를 상상하기 힘든 초가공식품들의 홍수 속에서 우리 아이들이 음식에 대한 선호도를 결정해 나가는 것이죠. 설탕과 소금이 듬뿍 들어있는 이런 가공식품들에 둘러싸여 자라다 보면, 어느새 그런 음식들의 맛에 익숙해집니다. 자연스럽게 그런 음식에 대한 선호도가 높아지겠죠.

## 익숙한 맛이 맛있다

새로운 음식을 좋아하게 만드는 가장 좋은 방법은 무엇일까요? 그 음식에 반복적으로 노출시키는 것입니다. 자주 그 음식을 접하고, 자주 먹다 보면 좋아지겠죠. 결국 우리가 좋아하는 맛은 익숙한 맛입니다. 그리고 한번 맛에 익숙해지면, 그와 유사한 맛이 나는 다른 음식도 좋아하게 됩니다. 어릴 때부터 과일과 채소에 익숙해지면, 자라서 생소한 과일과 채소도 거부감 없이 잘 먹게 됩니다. 어릴 때부터 가공식품의 '단짠단짠' 맛에 익숙해지면, 자라서도 그와 유사한 맛만 찾게 되겠죠. 이를 두고 맛의 일반화라고 합니다.

가공식품을 만드는 식품 회사는 맛의 일반화를 교묘하게 잘 이용합니다. 식품 회사는 사람들이 좋아하는 탄수화물과 지방의 맛을 갖가지 과일 및 향신료의 맛과 연결하여 기분 좋은 피드백을 얻도록 만드는 기술을 갖고 있지요.[12]

우리의 미각에 결정적인 영향을 주는 것이 바로 음식의 '향'입니다. 후각을 잃으면 맛을 제대로 느끼기 어렵죠. 두 음식이 향이 동일하다면 우리는 두 음식에 대하여 비슷한 피드백을 얻게 됩니다. 예를 들어 딸기를 먹고 좋은 피드백을 얻었다면 딸기를 하나도 넣지 않고 딸기 향이 나도록 만든 음식도 좋아하게 되는 것이죠. 그렇지만 진짜 딸기와 인공 딸기는 맛은 비슷해도 영양학적으로는 전혀 다릅니다. 인공 딸기는 설탕과 지방으로 범벅된 칼로리 덩어리일 뿐, 진짜 필요한 영양소는 들어 있지 않습니다. 이런 것을 '텅 빈empty 칼로리'라고 합니다. 필요한 영양소가 부족하면 우리 몸은 계속해서 음식을 먹도록 유도합니다. 그렇게 칼로리가 넘치도록 먹게 되고, 비만 등 각종 질병에 시달리게 되는 것이죠.

**진짜 딸기** 284g(90kcal, 가격 1.5달러)
섬유질 5g, 여러 미네랄과 비타민, 수천 가지 **피토케미컬**

**딸기맛 과자** 28g(90kcal, 가격 0.46달러)
설탕 9g, 지방 1g, 딸기 대신 서양배(농축), 설탕,
말린 옥수수 시럽, 그냥 옥수수 시럽, 변형된 옥수수 전분, 과당,
포도 주스(농축)[13]

그런데도 우리가 초가공 식품을 끊을 수 없는 이유는

✦ **피토케미컬** 인간의 건강에 좋은 효과를 주는 식물 속 화학 물질

무엇일까요? 바로 맛있기 때문이죠. 맛있어야 많이 팔리는 것은 당연한 이치입니다. 식품 회사들은 어떻게든 맛있게 만들어

야 합니다. 맛으로 유혹해야 하니까요. 맛있다고 느끼는 것은 익숙한 맛이라는 뜻이기도 합니다. 인간이 하루에 먹을 수 있는 칼로리의 양은 어느 정도 정해져 있습니다. 아무리 맛있는 음식이라도 배가 부르면 더 먹지 못하겠죠. 식품 회사 입장에서는 비극적인 일입니다. 그래서 식품 회사는 어떻게든 음식을 자꾸 찾도록 연구합니다. 아무리 먹어도 배가 부르지 않고 계속 음식을 갈망하게 만든다면 사람들이 더 많은 식품을 사 먹을 테니까요.

## 음식에 길들여지기

어느새 개개인이 가진 본래의 입맛은 사라지고, 식품 회사가 만들어낸 맛에 중독됩니다. 식품 회사 입장에서는 소비자의 입맛이 비슷할수록 생산비를 절감하기에 좋겠죠. 그래서 기본적인 재료는 똑같은데 향만 조금 다르게 해서 마치 다른 음식인 것처럼 만들기도 합니다. 실은 똑같은 음식을 먹으면서도 우리는 다양한 음식을 먹는다고 착각합니다. 이렇게 조금씩 우리 고유의 입맛을 잃게 되고, 식품 회사의 상술에 길든 맛을 자연스럽게 선호하게 됩니다. 바로 음식에 중독되는 것이지요.

음식을 통해 누군가를 중독시키려면 두 가지 조건이 필요합니다. 첫째, 들키지 말아야 합니다. 완전히 중독되기 전까지 말입니다. 들키지 않으려면 음식에 섞어도 특별한 맛과 냄새가 없어야 합니다. 둘째, 중독시키려는 음식을 먹었을 때, 그 음식으로 인한 부정적인 증상이 바로 나타나서는 안 됩니다. 당장에는 긍정적인 효과가 나타난다면 더 좋습니다. 그러면 그 음식을 계속해서 먹게 될 테니까요. 중독으로 인한 치명적인 증상은 몇 시간 혹은 몇 주가 지나서 서서히 나타나야 합니다. 그래야 그 음식과 치명적인 증상 사이의 관련성을 의심하지 않고 계속 먹을 테니까요.

우리 주변 어디에나 있는 편의점, 슈퍼마켓에서 너무나 쉽게 손에 닿는 초가공식품들, 언제 먹어도 맛있는 패스트푸드. 이런 식품들은 영양분을 듬뿍 가지고 있는 것처럼 보이지만, 그 속에 함유된 각종 첨가물들과 설탕 등은 우리 몸에 독을 축적하고 있는지도 모릅니다. 당장은 입에 달게 느껴지지만, 나중에 어떤 영향을 우리에게 되돌려 줄지 알 수 없지요. 이 음식들은 우리도 모르는 사이에 우리를 길들이고 중독시키는 게 아닐까요?

# 세계
# 어디를 가도
# 같은 맛

여섯 번째 대멸종의 시간이 다가오고 있다.

인류는 지금까지 다섯 번의 대멸종을 겪었는데 가장 최근의 멸종은 6500만 년 전 백악기 공룡의 멸종입니다. 지금까지의 대멸종은 빙하기가 오거나 운석이 충돌하는 등 외부적 요인에 의해 일어났다면 앞으로 다가올 여섯 번째 대멸종은 바로 인간에 의해 일어나고 있다는 것이 문제입니다.

백악기 공룡이 멸종한 이후 인류는 가장 단시간에 지구에서 가장 강력한 생명체로 성장했습니다. 그리고 이제 가장 단시간에 지구를 대멸종의 시간으로 이끌고 있습니다. 인간의 이기심이 만들어낸 기후 변화와 그로 인한 종 다양성의 상실이 여섯 번째 대멸종의 시간을 앞당기는 원인이 되고 있습니다.

## 닭의 행성, 지구

고생대는 삼엽충, 중생대는 암모나이트. 과학을 좀 공부했다면 누구나 상식으로 아는 **표준 화석**입니다. 그럼, 먼 미래에 지금 우리가 살고 있는 이 시대를 대표하는 표준 화석은 무엇이 될까요? 바로 '닭'이 후보 1순위라고 합니다.[14]

✦ **표준 화석** 지층의 지질 시대를 결정하는 표준이 되는 화석

현재 지구상에 존재하는 척추동물은 대부분 인간과 인간이 기르는 가축입니다. 야생 동물 수와 종류는 1970년대에 비해 3분의 1로 줄었지요. 가축 중에서 가장 개체 수가 많은 동물이 바로 닭입니다. 2022년 12월 기준 세계 인구는 80억 명을 넘어섰는데, 지구상에 살고 있는 닭은 약 230억 마리라고 합니다. 현재 지구상에 존재하는 다른 모든 종류의 조류를 합친 것보다 많습니다. 그리고 매일 어마어마하게 많은 닭이 인간에게 먹히고, 먹히기 위해 길러집니다. 닭고기는 전 세계에서 가장 인기 있는 육류입니다. 당연히 엄청나게 많은 닭 뼈가 땅에 묻히겠죠.

닭 뼈는 산소를 많이 함유하고 있어서 잘 썩기 때문에 화석으로 남기 어려울 수도 있습니다. 그러나 조류 독감이 유행할 때 무자비하게 살처분되어 그대로 땅에 묻히는 닭이 얼마나 많았는지 생각해 보면 닭 뼈도 화석이 될 수 있다고 합니다. 게다가 닭은 워낙 많은 수가 전 세계에 분포해서 이 시대를 대표하는 화석이 되기에 충분하죠.

노벨 화학상 수상자 파울 크루첸은 인간에 의한 전 지구적 변화가 급격하게 일어나고 있는 이 시기를 이전의 시대와 구분하여 '인류세人類世'라는 새로운 지질 시대로 불러야 한다고 주

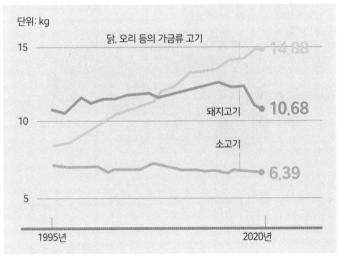

세계 1인당 육류 소비량

장했습니다. 바로 이 인류세의 가장 큰 특징 중 하나가 어마어마한 닭의 개체 수이고, 이 시기를 대표하는 표준 화석이 닭이라는 말이 됩니다. 먼 훗날 인류가 지구에서 사라지고, 다시 수백만 년 후에 새로운 생물이 지구의 주인이 되어 인류세의 지표면을 분석한다면, 인류세에 지구의 주인은 닭이었다고 선언하게 될지도 모르겠습니다.

# 세계인의 평균 식사가 불러오는 비극

지구상에 존재하는 작물의 수는 23만 5천 종인데, 이 중 과일이나 채소, 원예 작물 등을 제외하고 169종이 식량 자원으로 재배됩니다. 재배 면적을 기준으로 세계에서 가장 많이 생산되는 작물은 밀, 옥수수, 벼, 보리, 대두大豆 순입니다. 이들 작물이 전 세계 경작지의 50% 정도를 차지하고 있습니다. 곡물 소비로만 보면 밀, 옥수수, 벼가 전체 곡물의 75%를 구성합니다. 이런 작물들이 전 세계에 식량으로 공급되는 비중이 커지면서 수수, 기장, 호밀, 카사바, 고구마 같은 전통 작물은 뒷전으로 밀려났습니다. 지역마다 고유한 작물을 먹었던 전통적인 식단은 시간이 지나면서 밀이나 감자와 같은 일반적인 작물로 구성이 변하고 있습니다.

지구시스템earth system의 균형을 깨뜨리는 여러 요소 중에서 가장 심각한 문제 중 하나가 바로 **생물 다양성**이 깨지는 것입니다. 우리는 흔히 세 가지 측면에서 생물 다양성을 이야기하죠. 첫째는 생태계 다양성입니다. 숲, 바다, 습지 등 다양한 서식 환경이 유지되어야 생물 다양성이 유지될 수 있습니다. 서식지가 변하면서 멸종 위기를 맞는 동식물을 우리는 무수히 봐왔습니다. 둘

✦ **생물 다양성** 생태계 안에서 조화롭게 어울려 사는 생물들을 통틀어 이르는 말

째는 종 다양성입니다. 세계인의 식단이 일반화되고, 인간이 먹는 작물의 종류가 제한되면서 식물종 수가 점점 줄어들고 있습니다. 동물도 마찬가지로 인간이 가축으로 기르는 몇몇 동물을 제외하고 점점 많은 동물이 멸종되고 있습니다. 셋째는 종 내에서 유전자의 다양성입니다. 미국 월마트에서 파는 아이스크림 종류는 무려 153가지나 되지만, 그 아이스크림에 들어가는 우유의 90%가 '홀스타인'이라는 소에서 생산되는 단일 품종이라

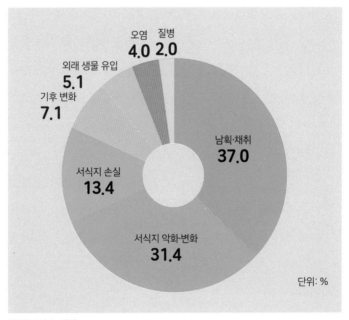

**생물종 감소 원인**

는 사실을 아시나요? 월마트에서 파는 감자칩의 종류는 21가지이지만, 단 다섯 종류의 감자로 만들어진다는 사실은요? 또 우리가 먹는 바나나의 대부분은 '캐번디시'라는 단일 품종이라는 사실을 알고 있나요?

특정 품종만 기르고 그것만 먹으면 당연히 다른 품종은 사라집니다. 품종이 사라지면 그것을 기르는 방식과 음식으로 조리하는 방법도 잊히고 말죠. 그 품종이 가진 유전자만 사라지는 것이 아니라, 그것을 먹던 사람들이 기억하고 공유하던 맛까지 사라집니다. 전 세계인의 입맛이 똑같아지고, 각 나라마다 가지고 있던 전통적인 식단이 사라진다면, 전통적인 식단을 만들어내던 품종들도 영원히 사라지게 되는 것이죠. 농산물의 종 다양성 감소는 토양 내 미생물의 번식에 영향을 주고 이는 전체 생태계에 영향을 줍니다. 우리의 입맛이 가져오는 엄청난 결과에 대해 심각하게 고민해야 하는 때입니다.

철 따라
변하는 유행 음식,
그 불행한
결말

## 한국은 치맥, 미국은 과카몰레

월드컵 같은 국제 경기가 있는 날이면 우리나라 치킨집은 불이 납니다. 미국은 어떨까요? 미국인에게 가장 인기 있는 스포츠는 바로 미식축구입니다. 이 미식축구 챔피언 결승전을 '슈퍼볼'이라고 하는데, 우리나라 사람들이 축구를 보면서 치킨을 먹듯 미국인은 슈퍼볼을 보면서 닭 날개 튀김을 먹습니다.

그런데 최근 십여 년 사이에 미국에서는 슈퍼볼 경기를 보면서 반드시 먹어야 하는 음식으로 '과카몰레'가 새롭게 떠올랐습니다. 주로 튀긴 토르티야나 빵을 찍어 먹는 과카몰레는 원래 멕시코 음식에 곁들이는 소스로 으깬 아보카도에 양파, 토마토, 고춧가루, 라임 주스 등을 섞어 만드는데 나초나 치킨 등 다양한 음식에도 어울립니다.

"슈퍼볼 경기 전에 과카몰레에 나초와 닭 날개 중 어느 것을 찍어 먹을지 고민이야."

미국의 전 대통령 버락 오바마의 말처럼 미국에서 과카몰레의 인기는 대단합니다.

과카몰레와 나초

# 피의 아보카도

과카몰레의 주재료는 아보카도입니다. 캘리포니아 아보카도 위원회는 아보카도 소비를 늘리기 위한 마케팅 전략으로 미식축구 챔피언 결승전, 슈퍼볼 경기를 찜했습니다. 슈퍼볼을 보면서 과카몰레에 나초를 찍어 먹는 광고를 대대적으로 내보냈고, 그 광고는 대성공을 거두었죠. 이후 과카몰레는 미식축구 챔피언 결승전이 있는 날이면 반드시 먹어야 하는 음식 중 하나가 되었습니다.

이 때문에 매년 2월, 미식축구 챔피언 결승전 즈음에는 아보카도 가격이 폭등하고 주산지인 멕시코에서조차 아보카도를 구하기가 어렵다고 합니다. 2020년에는 챔피언 결승전 당일에만 14만 톤의 아보카도가 미국에서 소비되었습니다. 당시 미국의 연간 아보카도 소비량은 115만 톤이었는데, 연간 소비량의 10% 이상을 단 하루 만에 먹어치운 것입니다.[15] 아보카도의 인기가 높아지자 언론에서는 그 영양학적 효능을 소개하였고, 유명인들 또한 앞다투어 자신의 건강 비법, 또는 다이어트 비법으로 아보카도를 소개하기 시작했습니다. 최근에는 미국뿐만 아니라 중국을 비롯한 전 세계에서 아보카도의 인기가 그야말로 폭발적으로 높아지고 있습니다.

문제는 그 인기가 너무도 갑작스러웠다는 사실입니다. 2000년 미국인 1인당 연간 아보카도 소비량은 약 1kg이었지만, 2019년에는 3.5kg으로 늘어났습니다. 이는 당연히 가격 폭등으로 이어졌죠. 아보카도 주산지인 멕시코에도 돈이 쏟아져 들어왔습니다.

그러나 아보카도는 멕시코 농민들에게 돈과 함께 불행도 가져다주었습니다. 아보카도가 돈벌이가 되자, 2010년대에 마약 **카르텔**이 아보카도 농장에 개입하기 시작합니다. 농민을 보호한다는 명목으로 '세금'을 걷기 시작한 것입니다. 이를 거부하면 가족을 납치하거나 농장에 불을 지르는 등 만행을 저질렀습니다. 멕시코 정부는 카르텔에 저항하기 위해 민간인의 무장을 허용했는데, 그러다 보니 대여섯 개의 주요 카르텔과 민간 무장 세력, 정부군 사이에 총기를 사용한 난타전이 벌어졌습니다. 멕시코 아보카도 주요 생산지인 미초아칸주州에서는 2019년 한 해에만 2049명이 살해되었습니다. 그야말로 '피의 아보카도'가 되어버린 것입니다.

✦ **카르텔** 같은 상품을 생산하는 기업들끼리 가격, 생산량 등을 협정해서 경쟁을 피하고 독점하는 행위

또한 아보카도가 돈벌이가 되자 멕시코에서는 마구잡이로 숲을 개간하여 아보카도 농장을 만들기 시작했습니다. 아보카도 재배지는 일반적인 숲보다 헥타르당 두 배의 물을 소비합니

다. 아보카도 소비가 급격히 증가하면서 무자비하게 산림이 파괴되고, 물을 낭비하게 된 것입니다.

## 누가 퀴노아를 먹어치우는가

갑작스러운 인기로 인해 가격이 급등한 작물 중에는 '퀴노아'도 있습니다. 다이어트에 관심이 많은 사람은 퀴노아 샐러드를 한 번쯤 먹어보았을 것입니다. 퀴노아는 쌀보다 크기가 작은 좁쌀처럼 생긴 곡물로 페루, 볼리비아 등 남미에서 주로 생산되어 그 지역에서 주식으로 이용하는 곡물입니다. 흰색, 붉은색, 갈색, 검은색 등 색깔도 다양합니다. 단백질을 포함한 각종 아미노산 함량이 높아서 우리나라에서도 '슈퍼푸드'로 주목받고 있습니다. 그런데 서구권에서 갑자기 퀴노아의 인기가 치솟으면서 2000년에 100kg당 약 28.40달러였던 가격이 2008년에는 204.50달러가 되었습니다. 이 때문에 퀴노아를 주식으로 먹던 볼리비아에서는 오히려 퀴노아 소비가 3분의 1로 줄어들었습니다.[16] 가격이 상승해서 볼리비아의 저소득층이 사 먹기 힘들어진 것입니다. 그 대신에 그들은 저렴한 인스턴트 면을 먹을 수밖에 없었습니다. 퀴노아의 인기가 갑자기 치솟으면서, 가난한 사람들이 억지로 자신들의 주식을 바꿔야 하는 상황이 되어버린 것입니다.

수요가 증가하면서 퀴노아 재배 방식도 완전히 바뀌었습니다. 안데스 산맥을 중심으로 자연과 어우러져 소규모로 재배하던 예전 방식으로는 수요를 감당할 수 없었으니까요. 밀이나 옥수수 같이 대규모 농장식 재배를 할 수밖에 없었죠. 예전에는 밭에 퀴노아를 기르면서, 그 옆에 있는 목초지에 라마를 놓아 길렀고, 라마의 분뇨는 자연스럽게 땅을 비옥하게 해주었습니다. 그러나 이제는 화학 비료가 이를 대신하면서 라마의 분뇨는 그저 처치하기 곤란한 쓰레기가 되었습니다. 라마를 키우던 목초지는 퀴노아 밭에 자리를 내주었고요. 볼리비아의 농민은 이제 더 이상 과거의 방식으로 살 수 없게 되었습니다.

최근에 우리나라에서도 퀴노아나 아보카도의 인기가 높아지고 있습니다. 이들 식품이 건강에 좋다고 하니 왠지 친환경적일 것 같고, 서양에서 유행하는 음식을 먹으니 먹거리에 있어서 뭔가 앞서가는 사람처럼 느껴집니다. 그러나 이런 음식들을 먹으면서 나의 음식 취향이 어떤 폭력적인 결과로 이어질 수 있는지에 대해 우리는 생각하지 않습니다. 우리에게 먹거리는 언제나 잘 포장된 하나의 상품으로 슈퍼마켓 진열대에 떡하니 놓여 있을 뿐이니까요. 눈앞에 보이지 않는 생산자에 대해 고민할 필

아보카도와 퀴노아

요도 못 느낍니다. 하지만 이런 먹거리가 어느 날 하늘에서 뚝 떨어지는 것이 아니라는 사실을 우리는 알아야 합니다.

# 인기 만점 슈퍼푸드의 함정

음식이 천천히 시간을 두고 유행한다면 자연스럽게 공급을 늘려가며, 부작용을 조금씩 해결해 나갈 수 있습니다. 문제는 하루아침에 변한다는 것이죠. 갑작스럽게 음식이 유행하면 자연스럽게 식품 사기로 이어질 수 있습니다.[17] 수요가 많아지면 공급이 따라가기 힘들고, 공급이 부족하면 가격이 폭등합니다. 가격이 폭등하면, 사기꾼들은 가짜 상품을 판매하고 싶은 마음이 더욱 강해집니다. 비싼 만큼 이익도 많아질 테니까요.

석류 주스를 예로 들어볼까요? 2000년대 들어 석류가 항산화 효과가 있다고 알려지면서 석류 제품의 인기가 치솟았습니다. 미국에서는 2004년 한 해, 한 병에 227g짜리 석류 주스가 7500개 소비되었으나, 4년 후인 2008년에는 무려 4억 5000만 개가 소비되었습니다. 새로 심은 석류나무에 열매가 맺히기까지는 8년이나 걸리는데 어디서 갑자기 이 많은 석류들이 나왔을까요? 이 어마어마한 석류 주스의 수요를 감당할 만큼의 석류나무가 과연 이 세계에 충분히 있기나 한 걸까요? 이런 경우에 우리는 '합리적 의심'을 하게 됩니다. 가짜 석류를 쓰거나, 석류 함량을 교묘하게 속인 제품들이 판매되었다는 것이죠. 2004년에 미국에서 소비된 석류 주스의 절반은 더 저렴한 주스를 섞은 것이었는데, 2008년에는 전체 판매량의 4분의 3에 해당하는 제품이 100% 석류 주스라고 광고했습니다.[18]

새로운 것을 먹고 싶고, 몸에 더 좋은 음식을 찾는 것은 인간의 본능입니다. 그렇지만 언제나 그렇듯 몇 해 지나지 않아 또 새로운 식품이 슈퍼푸드 내지는 노화 방지, 또는 피부 미용에 도움이 된다는 등의 구실을 내세워 우리를 유혹하고, 아보카도나 퀴노아, 혹은 석류 주스를 대체하게 될 것입니다. 먹거리에 대한 우리의 취향이 갑작스럽게 바뀌는 것이 과연 우리의 자발적인 선택인지 의심해 보게 됩니다.

# 다시
# 먹는다는
# 것

4

정말 맛있는 음식의 부작용은 우리를
멈추지 못하게 하는 데 있다.

_ 크리스 반 툴레켄[*]

세계는
왜 점점
뚱뚱해질까?

세계보건기구WHO에 의하면, 세계 비만 인구는 1975년 이후 지금까지 3배 가까이 증가했습니다. 비만율은 1980년대 이후 급증했는데, 성인은 약 28%, 아동은 약 47% 증가했다고 합니다. 세계비만연맹이 2022년에 발표한 '세계 비만 지도 보고서'는 세계 비만 인구가 성인 기준 2030년까지 10억 명을 넘어설 것으로 전망했습니다. 이는 2010년 5억 명이던 비만 인구의 두 배입니다. 또 저소득 국가의 2030년 비만 인구는 2010년에 비해 3배에 이를 것으로 전망했습니다. 저소득 국가에서 비만 인구가 더 빠르게 늘고 있는 것입니다. 한때는 부자 나라의 고민이었던 비만이 이제는 가난한 나라의 문제가 되고 있습니다.

# 왜 비만은 가난을 먹고 자라는가

19세기 말에만 해도 비만은 부의 상징이었습니다. 일반적으로 부유층이라면 적당히 비만한 몸매를 가지고 있다고 생각했죠. 불과 몇십 년 전까지만 해도 우리나라에서도 그랬습니다. 드라마에 나오는 사장님들은 모두 적당히 배가 나온 사람들이었으니까요. 요즘 드라마에 나오는 재벌 2세들이 죄다 몸짱에 얼짱인 것과는 완전 비교됩니다.

세계 비만율 1위는 아메리칸사모아, 2위는 나우루, 3위는 쿡제도입니다.[19] 모두 남태평양의 가난한 섬나라입니다. 이들 나라의 비만율이 세계 최고를 기록하고 있는 이유는 무엇일까요?

첫 번째는 유전적 요인입니다. 2016년 피츠버그 대학교 라이먼 민스터 연구팀은 사모아인의 25%가 갖고 있는 희귀 유전자를 찾아냈습니다. 이는 소위 '비만 유전자CREBRF'라고 불리는데, 쉽게 말해 지방 축적 유전자입니다. 과학자들은 진화 과정에서 자주 굶주림을 겪다 보면 최대한 에너지를 절약해 지방으로 저장하려는 유전 형질이 발현된다고 추측합니다. 태아일 때 영양 섭취가 충분하지 못했던 아이들이 자라면서 비만이 될 확률이 높아지는 것도 이와 관련이 있습니다.

두 번째 요인으로 거론되는 것이 바로 급격하게 서구식으로

변화한 식단입니다. 사모아인은 수
천 년 동안 **타로** 농사를 짓고, 닭을

✦**타로** 열대 지방에서 주식으로 이용하는 뿌리 작물

키우고 바다에서 고기를 잡으며 살아왔습니다. 그러나 20세기
초에 미국 영토로 편입되면서 정제된 탄수화물과 값싼 트랜스
지방을 주성분으로 하는 서구식 식단이 식탁을 점령했죠. 사모
아인은 쌀과 설탕, 밀가루, 통조림 같은 수입 식품에 의존하게
되었고, 신선한 고기와 지역 토산물을 제공하던 어업과 농업은
쇠퇴했습니다. 나우루와 쿡 제도의 사정도 다르지 않았죠.

최근에는 아프리카 사하라 남쪽에 있는 저개발 국가에서도
비만율이 급속도로 상승하고 있는데, 이들 나라도 앞의 세 나라
와 비슷한 식단 변화를 겪고 있습니다. 문제는 비만율 상승과

함께 영양실조 비율도 높아진다는 것입니다. 사막이라는 혹독한 자연환경 속에서 굶주림에 싸워야 하는 사람들은 저렴하면서 열량이 높은 가공식품들을 거부할 수 없습니다. 그마저 먹지 못하는 사람들은 절대적인 빈곤과 기아에 허덕이고 있으니까요. 이런 사정은 선진국에서도 마찬가지입니다. 상대적으로 소득이 낮은 사람들은 결국은 값싸고 열량이 높은 음식에 의존할 수밖에 없습니다.

## 뚱뚱해지는 이유

뚱뚱한 것이 죄는 아니지만, 그 책임이 개인에게 있다고 말하는 사람들이 있습니다. 식탐이 많고 게을러서 자기 관리를 못하거나, 다이어트 의지가 부족하기 때문이라고 비난하죠. 그렇지만 1980년대 이후 전 세계 비만율이 갑자기 높아진 것은 좀 이상하지 않나요? 특정 시기를 기점으로 갑자기 세계인의 의지가 약해졌다고 말할 수는 없으니까요.

사람들이 뚱뚱해지는 데에는 여러 이유가 있습니다. 유전적인 원인으로 같은 양을 먹어도 살이 더 잘 찌는 사람이 있기도 하고, 비만이 진화의 과정에서 생겨난 자연스러운 결과일 수도 있죠. 먹거리가 충분하지 못했던 먼 옛날에는 먹을 것이 생길 때마다 이를 체내에 충분히 잘 쌓아둘 수 있는 사람이 생존 확률이 높았습니다. 이런 칼로리 저장 습관이 음식이 충분한 오늘날에는 비만으로 이어진다고 분석하기도 합니다. 또 어떤 사람은 유난히 먹는 것을 좋아할 수도 있죠. 그렇지만 한두 세대만에 특정 지역 사람들이 90% 이상 비만과 과체중이 되고, 특정한 시기를 거치면서 비만율이 폭증한다면, 이것이 단지 개인의 문제일까요? 최근에 비만 문제를 개인의 문제가 아닌 사회 구조적 문제로 확대해서 보아야 한다는 주장이 나오는 이유이기도 합니다.

유전적 요인 외에 비만의 원인으로 꼽을 수 있는 것이 바로 먹거리 환경입니다. 신체가 필요로 하는 칼로리보다 더 많은 칼로리를 섭취하면 살이 찐다는 것은 상식 중의 상식입니다. 오늘날은 먹거리가 풍부해지고, 너무 쉽게 음식을 구할 수 있습니다. 손만 뻗으면 어디에나 먹을 것이 있습니다. 음식의 크기가 커지고 세트나 패키지로 파는 경우가 많아서 필요 이상의 칼로리를 섭취하게 되는 것도 문제입니다. 햄버거 하나만으로도 열량 폭탄인데, 영혼의 단짝 콜라와 '감튀'를 포기할 수 없으니까요. 더 많은 칼로리를 섭취할 수밖에 없는 환경이 문제인 것이죠.

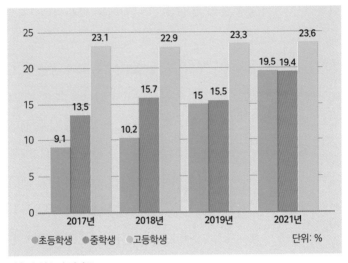

25 ┤
23.1    22.9    23.3    23.6
20 ┤          19.5 19.4
15.7
15 ┤    15  15.5
13.5
10 ┤    10.2
9.1
5 ┤
0 ┘
2017년    2018년    2019년    2021년
●초등학생 ●중학생 ●고등학생          단위: %

**서울시 청소년 비만도**

　전문가들은 과거에 비해 절대적으로 활동량이 부족한 현대인의 생활 방식도 비만의 원인이라고 말합니다. 요즘은 로봇 청소기, 세탁기 등 웬만한 집안일을 가전제품이 대신해 줍니다. 일터에서 일하는 방식도 예전과 많이 달라졌습니다. 기계화와 자동화로 인해 몸을 쓰는 일이 현저하게 줄었죠. 직장인은 대부분 하루 종일 의자에 앉아서 일하고, 학생들 역시 아침부터 밤늦게까지 의자에 앉아 있어야 합니다. 우리나라 학생들은 OECD 국가들 가운데서 체육 활동을 가장 적게 합니다.

# 누가 우리를 뚱뚱하게 만드는가

미국의 영양학자 배리 팝킨은 비만이 비타민과 섬유질이 제거된 옥수수, 밀 등의 정제 곡물을 많이 섭취하면서 생겨난 '문명의 질병'이라고 정의했습니다. 이 음식들이 각 나라의 전통적인 먹거리를 밀어내고 주류가 된 이유는 값이 저렴하기 때문입니다. 값이 저렴한 이유는 바로 '보조금' 때문입니다.

선진국은 특정 작물에 보조금을 주어 대량 생산을 유도합니다. 특정 작물의 안정적인 생산량을 확보하는 한편, 제3세계의 값싼 농산물로부터 자국의 농산물을 지키기 위한 선택이죠. 옥수수를 보조금을 받아 생산하면 다른 작물에 비해 가격이 저렴해지겠죠. 옥수수 가격이 저렴해지면, 옥수수를 사료로 쓰는 축산물의 가격도 낮아집니다. 보조금을 받지 않는 채소나 과일은 상대적으로 생산비가 올라가고 값도 비싸지겠죠.

한편, 비만의 또 다른 원인으로 단맛을 선호하는 인간의 본능에 주목하기도 합니다. 식품 회사들은 이를 이용해 당분과 **정제 탄수화물**을 적절하게 버무려 저렴하면서도 달달한 가공식품들을 마구 쏟아내죠. 이 식품들은 대체로 영양가는 없으면서 칼로리는 엄청납니다.

✦ **정제 탄수화물** 도넛, 아이스크림, 사탕, 초콜릿, 케이크, 흰 밀가루 등 인위적인 가공을 거쳐 섭취하면 혈당이 급격히 올라가는 탄수화물 식품

건강하려고 먹는 건강 식품이 비만의 원인이 되기도 합니다. 홈쇼핑에서 판매하는 식품 광고를 보면 무조건 건강에 좋다는 점을 강조하죠. 온갖 과일이나 채소, 육류가 '건강식'이라는 간판을 내걸고 판매되고 있습니다. 그렇지만 그 식품들이 유명한 만큼 우리 몸에 좋은 것인지는 생각해 보아야 합니다. 건강에 좋다는 이유로 이런 음식을 많이 먹다 보면 오히려 살이 찔 수도 있습니다. 소나 코끼리가 풀만 먹으면서도 큰 덩치를 유지하는 것은 어쨌든 많이 먹기 때문이라는 논리와 같습니다.

배리 팝킨은 비만 문제를 글로벌 식품 산업과 제약 산업의 합작품이라고도 했습니다. 사람들이 많이 먹을수록 이득을 보게 되는 식품 산업의 특성상 끊임없이 제품을 광고하고, 그 제품이 건강에 좋다는 것을 증명하려고 합니다. 그리고 그 결과로 생긴 비만 문제는 육체 활동이 부족했기 때문이라며 개인에게 책임을 떠넘기죠.

제약 산업도 마찬가지입니다. 비만 문제가 커질수록 이득을 보죠. 비만 문제가 심각할수록 각종 질병 치료제나 다이어트 약물 등이 더 많이 팔리니까요. 식품 회사는 사람들로 하여금 많이 먹도록 하고, 제약 회사는 많이 먹는 사람들을 겨냥해서 다이어트 약품을 판매합니다. 한쪽에서는 먹으라고 하고 또 한쪽에서는 빼라고 말하면서 칼로리에 대해서는 절대 말하지 않습니다.

비만은 결국 칼로리 과다 섭취가 원인임을 알아야 합니다. 그래야 칼로리 섭취를 줄이는 방법을 찾을 수 있으니까요. 개인의 의지만으로 되는 일이 아닙니다. 비만 문제를 해결하기 위해서는 근본 원인을 먼저 이해하고, 우리 사회가 협력해서 경제적, 정치적 해결책을 마련해야 합니다. 더 이상 개인의 문제로 남겨두어서는 안 됩니다.

## 싸고 맛있으면
## 다 용서가
## 되나요?

이 음식 어디서 오셨는가

식탁 위에 문명의 전부가 올라오는 지금

나는 식구들과 기도 올리지 못한다

이 먹을거리들

누가 어디서 어떻게 키웠는지

누가 어디서 어떻게 만들었는지

누가 어디서 어떻게 보냈는지

도무지 알 수가 없기 탓이다


뭇 생명들 올라와 있는 아침이다

문명 전부가 개입해 있는 식탁이다

　–이문재, 〈식탁은 지구다〉 중에서\*

　들일을 하고 돌아오면서 어머니는 밭에서 오이와 애호박, 풋고추 따위를 소쿠리 하나 가득 따서 옵니다. 그러곤 오빠에게 닭장에 가서 달걀을 꺼내 오라고 합니다. 그날 저녁 밥상에는 어김없이 오이 무침과 애호박 볶음, 풋고추를 송송 썰어 넣은 된장찌개가 올라옵니다. 가마솥에 찐 계란찜도 있겠네요. 어쩌다가 시집간 큰언니 부부가 오기라도 하면, 아버지는 키우던 닭을 잡고 어머니는 그 닭으로 백숙을 끓여 내줍니다. 아침나절까지만 해도 모이를 주고 뒤꽁무니를 쫓아다녔던 닭이 모가지가 비틀려 뜨거운 물에서 털이 뽑히는 것을 보며 울먹이던 오빠는 밥상에 올라온 백숙을 보며 언제 그랬냐는 듯 입맛을 다십니다.

　불과 몇십 년 전, 우리나라에서 일반적으로 볼 수 있었던 시골 밥상 풍경입니다. 아, 물론 아직도 시골 어딘가에서는 볼 수 있는 풍경일 수도 있겠네요. 이때만 해도 우리 밥상에 올라오는 것들이 어디서 난 것인지, 어떻게 만들어진 것인지 다 알고 있었습니다. 그래서 항상 그 음식들이 만들어지기까지의 수고에 감사하며 먹을 수 있었습니다.

　그런데, 지금은 어떤가요?

# 글로벌한 먹거리 체계

저녁 밥상에 고등어구이, 김치, 명란젓이 올라왔지만 그것들은 그저 마트에서 사 온 것들일 뿐, 어디서 온 것인지 어떻게 만들어진 것인지 알 수 없습니다. 포장지에 붙어 있는 원산지를 확인해 보니 고등어는 노르웨이산, 명란은 러시아산입니다. 김치는 우리나라에서 만든 것이지만, 배추는 국산이고 고춧가루는 중국산입니다.

여러분이 좋아하는 과자의 성분표를 살펴본 적이 있나요? 옥수수는 호주산, 밀은 미국산, 팜유는 말레이시아산. 과자 하나를 먹는 동안에도 우리는 이렇게 글로벌한 식생활을 하고 있습니다. 먹거리가 생산-가공-유통-소비-폐기되는 일련의 과정을 '먹거리 체계'라고 하는데, 현대의 글로벌한 먹거리 체계는 각 단계에서 많은 부작용을 낳고 있습니다.

일단 이런 음식들은 너무 먼 곳에서 왔습니다. 식품이 생산된 곳에서 소비자의 식탁에 오르기까지의 이동 거리를 '푸드마일'이라고 합니다. 푸드마일의 값이 크다면 신선도가 떨어지겠죠? 그래서 이동하는 동안 신선도를 유지하기 위해 각종 보존료를 엄청나게 사용할 수밖에 없습니다. 해외에서 식품을 운반하려면 선박이나 비행기를 이용해야 하니 탄소 배출량 또한 많

| 식품유형 | 과자(유탕처리제품) | 포장재질 | 폴리에틸렌 |
|---|---|---|---|
| 원재료명 | 통옥수수(호주산), 식물성유지(팜올레인유 말레이시아산, 채종유 호주산), 통밀(미국산), 쌀, 귀리분말, 설탕, 핫스파이시맛시즈닝[아스파탐(감미료/ 페닐알라닌 함유)] | | |
| | 밀, 달걀, 우유, 대두, 쇠고기, 닭고기 함유 | | |
| 품목보고번호 | 201806030221 | | |

과자 원재료명

아집니다. 현대인들이 먹는 음식들은 산업화된 농업 방식으로 생산되고, 아주 먼 거리를 이동해야 하므로 전통적인 방식으로 농사지은 음식에 비해 탄소 배출량이 높을 수밖에 없습니다. 그래서 어떤 이들은 '현대인이 먹는 것은 음식이 아니라 석유'라고 말합니다.

우리 식탁에 올라오는 음식들이 이렇게 글로벌해진 이유는 무엇일까요? 우리나라에서 나지 않는 것이라면 수긍이 가지만, 우리나라에서도 얼마든지 재배나 사육이 가능한 식재료까지도 왜 해외에서 수입해서 먹는 걸까요? 그 이유는 당연히 '가격' 때문입니다. 수입하는 것이 가격이 더 싸기 때문이죠.

# 싼 가격의 함정

자본주의적 관점에서 볼 때 생산비를 낮출수록 이익은 커집니다. 그래서 생산비를 낮추려고 적은 종류의 제품을 대량 생산하는 방식을 택합니다. 먹거리 체계가 각자 경쟁력 있는 소수의 제품을 대량 생산하고 무역을 통해 교환하는 국제 분업으로 발전한 이유입니다. 카카오를 재배하기에 적당한 나라에서는 카카오를, 커피를 재배하기 좋은 나라에서는 커피를 주로 재배하여 수출하는 것이지요.

얼핏 보면 엄청 합리적인 방법입니다. 그런데, 이런 상품 작물들은 대부분 노동력이 값싼 가난한 나라에서 생산됩니다. 이들 가난한 나라에서 이루어지는 대규모 단일 경작 방식을 **플랜테이션**이라고 합니다. 문제는 가난한 나라의 농지를 사들인 다국적 기업들이 농민들에게

✦ **플랜테이션** 현지인의 값싼 노동력을 이용하여 특정 농산물을 대량으로 생산하는 방식

제대로 된 임금을 지불하지 않는 데 있습니다. 농민들이 고되게 일을 해서 생산된 농작물이 비싼 가격으로 팔려나가도 생산자인 농민이 손에 쥘 수 있는 금액은 1% 미만이라고 합니다.

또한 이들 가난한 나라에서 농지의 대부분을 수출용 상품 작물을 재배하는 데 쓰다 보니, 정작 그 나라 국민들이 먹을 것을

생산할 수 있는 농지가 점점 없어지고 있습니다. 그래서 이들 나라에서는 먹을 수 있는 밀가루나 곡물 등을 미국이나 캐나다 같은 선진국에서 수입해야 하는 상황이 되고 말았습니다. 토지를 소유하지 못한 가난한 사람들은 거대 기업의 농장에서 하루 종일 일하면서도 정작 자신이 먹을 것은 돈을 주고 사 먹어야 합니다. 그러나 엄청난 저임금에 시달리는 가난한 나라의 농민들은 충분한 음식을 사 먹을 돈조차 없습니다.

세계 최대 농산물 수출국인 브라질은 2022년 4월 기준 인구의 15.5%가 기아에 시달리고 있습니다. 수출용 작물 비중이 높

브라질 대규모 커피 농장

은 아르헨티나도 국민의 3분의 1이 영양 결핍 상태에 있죠. 수십 년째 내전에 시달리면서 전 국민의 절반 가까이가 기아에 허덕이는 에티오피아 역시 대부분의 경작지에서 식량난을 해소할 수 있는 '곡물'이 아닌 '커피'를 생산합니다. 2021년 기준 에티오피아 전체 수출의 3분의 1을 '커피'가 차지하고 있습니다. 커피를 팔아 얻는 이익은 농부들이 아니라 네슬레와 스타벅스 같은 거대 기업들이 독차지합니다. 커피 농장에서 일하는 성인 남성의 일당은 2~3달러 수준으로, 하루 일당으로 겨우 스타벅스 커피 한 잔을 사 먹기도 벅차죠. 당연히 그 돈으로 가족들이 충분히 먹을 음식을 살 수도 없습니다. 먹고살기 위해 어쩔 수 없이 어린아이들도 학교에 가는 대신 커피 농장에서 하루 종일 일을 해야 하죠.

초콜릿의 재료가 되는 카카오를 재배하는 농장에서 벌어지는 아동 노동 착취는 어제오늘의 문제가 아닙니다. 코트디부아르와

---

**초콜릿 한 개 가격으로 지불한 1달러가 나뉘는 예**

| | |
|---|---|
| 카카오 농민(생산자) 7센트 | 카카오 수출국 세금 7센트 |
| 초콜릿 제조 회사 41센트 | 초콜릿 판매 업체 28센트 |
| 초콜릿 판매국 세금 17센트 | |

가나를 비롯한 서아프리카에서는 전 세계 카카오의 약 70%가 재배되는데, 대부분 글로벌 초콜릿 회사들에 값싸게 공급되고 있습니다. 성인을 고용하는 것보다 아동에게 불법 노동을 시키면 비용이 덜 들기 때문에 글로벌 기업들은 카카오 농장에서 벌어지는 아동 불법 노동을 모른 척합니다.

## 멈출 수 없는 초가공식품의 유혹

단국대 김우경 교수 연구팀에 의하면 우리가 먹는 음식 중에서 원재료 식품은 31.9%, 가공식품은 68.1%라고 합니다. 가공식품 섭취가 2배 이상 많죠. 일상적인 식생활에서 이렇게나 많이 섭취한다니 가공식품을 전혀 먹지 않고 살기는 어려워 보입니다. 그래서 최근에는 가공식품을 좀 더 세분화해서 '초가공식품 ultra-processed foods'이라는 단어를 사용합니다.[20]

가공식품은 판매되기 전에 통조림, 진공, 저온 살균 및 건조 등의 과정을 거친 식품입니다. 우유, 치즈, 말린 과일이나 곡류 등이 여기에 해당합니다. 주로 음식의 운송 및 보관을 쉽게 하기 위해서 간단한 처리 과정을 거치는 것이죠.

이에 비해 초가공식품은 가공식품에 맛, 향미, 첨가제를 넣

| 최소 가공 | 가공식품 | 초가공식품 |
|---|---|---|
| 옥수수 | 옥수수 통조림 | 옥수수칩 |
| 사과 | 사과 주스 | 사과 파이 |
| 감자 | 구운 감자 | 프렌치프라이 |
| 당근 | 당근 주스 | 당근 케이크 |
| 밀 | 밀가루 | 쿠키 |

**식품의 가공 단계**

어 가공 단계를 더 거친 식품을 말합니다. 그야말로 울트라급 가공을 하는 것이죠. 그래서 '울트라급 가공을 한 음식'이라는 뜻으로 '초가공식품'이라는 말을 씁니다. 성분표를 봤을 때, 우리가 잘 알지 못하는 어려운 성분들이 있다면 초가공식품일 가능성이 높습니다. 지금까지 우리가 가공식품으로 불러왔던 것이 대체로 초가공식품인 것이죠. 흔히 패스트푸드 혹은 정크푸드라고 불리는 음식들 역시 대부분 초가공식품입니다.

영국 방송 BBC에서는 〈우리는 아이들에게 무엇을 먹이고 있는가〉라는 다큐멘터리 프로그램을 통해 초가공식품이 건강에 미치는 영향에 대한 연구 결과를 소개했습니다. 이 연구에 의하면 10년 동안 가공식품을 매일 네 종류 이상씩 먹은 사람들은 한 종류 이하로 먹은 사람들에 비해 사망 위험이 62% 더 높았다고 합니다. 초가공식품은 우리의 건강을 악화시키고 수명을 단축시킬 수 있다는 말이죠. 초가공식품은 우리의 뇌에도 영향을 미치는데, 인지 기능 저하 속도를 높여서 치매 위험도 그만큼 커진다고 합니다.[21] 이뿐만 아니라 초가공식품을 장기간 섭취하면 심장 질환, 비만, 제2형 당뇨병, 암 및 우울증 발생 가능성이 높아진다는 연구 결과도 있습니다.[22]

물론, 초가공식품을 그 모든 원인으로 단정할 수는 없습니다. 유전이나 환경적 요인 등 건강에 영향을 미치는 다른 요인들이 많은데 초가공식품만으로 모든 인과관계를 설명할 수는 없으니까요. 식생활 연구의 특성상 엄격한 통제 상황에서 실험할 수 없다 보니 다른 변인이 끼어들 가능성도 높죠. 그렇지만 많은 연구 결과를 볼 때, 건강과 초가공식품 사이에 적어도 상관관계가 높다고 생각합니다. 높은 상관관계는 언제든 인과관계로 연결될 수 있겠죠.

또 다른 문제는 이런 초가공식품들이 '슈퍼 울트라급'으로 먹기 편하다는 데 있습니다. 언제든 간편하게 먹을 수 있고, 또 대체로 많이 씹지 않아도 되어서 빨리 먹을 수 있습니다. 빨리 먹으면 많이 먹게 되겠죠. 초가공식품은 배고픔을 유발하는 호르몬을 증가시키고 포만감을 느끼게 하는 호로몬을 감소시켜 음식을 더 많이 먹게 만듭니다.

무엇보다도 초가공식품은 가공하지 않은 음식들보다 맛있습니다. 초가공식품들은 왜 맛있을까요? 생산 과정에서 소비자의 가장 높은 만족도를 건드리도록 설계되었기 때문입니다. 소금, 지방, 설탕의 완벽한 조화로 감각적, 특정적 포만감을 얻기

직전까지 도달하도록 말이죠. 감각에 압도되면서 우리 뇌는 초가공식품에 중독되어 가는 것입니다.[23] 그런데 가격도 착하죠. 가난한 나라에서 초가공식품의 섭취율과 비만율이 높아지는 이유도 바로 이 싼 가격 때문입니다.

초가공식품을 먹으면, 즉각적으로 만족감을 느낍니다. 간편하고도 맛있으니까요. 그런데 부정적인 영향은 금방 나타나지 않습니다. 서서히 오랜 시간에 걸쳐 나타나죠. 이 때문에 나중에 부작용이 나타나도 그 원인이 초가공식품 때문이라고 생각하기 어렵겠죠. 언론을 통해 초가공식품 혹은 정크푸드가 건강에 유해하다는 말을 아무리 들어도 당장 건강에 심각한 위기를 느끼지 못한다면 와닿지 않습니다. 대부분 건강에 심각한 위험이 와서야 자기의 식생활을 돌아보게 되죠.

정크푸드를 먹지 말라고 조언하는 사람들에게 많은 사람들이 이렇게 말합니다.

　　"괜찮아, 나중에 안 먹으면 돼. 너무 많이 먹지만 않으면 돼."

그러다가 결국은 이렇게 말하고 말죠.

"이렇게 맛있는 걸 못 먹고 사느니 차라리 먹고 죽겠어."

습관이 되어버리면 고칠 수 없습니다. 입맛이라는 것도 일종의 습관이거든요. 이미 습관이 되고 나면, 자포자기하게 됩니다.

 **초가공식품 식별법**

- 공장에서 만든 식품에만 사용되는 영어로 된 긴 이름의 재료 목록이 있다.
- 다섯 가지 이상의 성분이 포함되어 있다.
- 지방, 설탕 및 염분 함량이 높다.
- 신선 식품인데도 유통 기한이 길다.

우리의 몸은
옥수수로
이루어져
있다

우리가 먹은 것이 바로 우리가 된다면 우리 모두는 옥수수입니
다.[24]

"무슨 소리? 나는 옥수수를 먹지 않아!"

이렇게 외치는 사람도 있겠지요. 그렇지만 우리는 알게 모르
게 매일 옥수수를 먹습니다. 옥수수는 송아지는 물론 닭과 돼
지, 칠면조, 양, 연어, 심지어 메기의 사료로 쓰입니다. 닭의 사
료가 옥수수이니 달걀도 옥수수로 만들어졌고, 마찬가지로 옥
수수 사료를 먹는 홀스타인 종의 소에서 만들어진 우유나 치즈

같은 각종 유제품도 옥수수로 만들어졌습니다. 옥수수 전분, 코팅용 반죽에 들어가는 옥수숫가루, 우리가 흔히 먹는 식용유, 레시틴, 이름도 생소한 모노글리세리드, 디글리세리드 등등 모두 옥수수를 가공해서 만든 것입니다. 우리가 마시는 거의 모든 청량음료 역시 옥수수 덩어리입니다. 고과당 옥수수 시럽이 들어 있으니까요. 라벨에 무슨 어려운 말로 된 '감미료'가 적혀 있다면 대부분 옥수수로 만든 고과당 시럽일 가능성이 높습니다. 과자도 마찬가지죠.

이쯤 되면 우리의 몸이 옥수수로 되어 있다는 것을 부정하기 힘들 것입니다. '옥수수 없이 한 달 살아보기'라는 챌린지를 한다면 아마도 성공할 수 있는 사람이 한 명도 없을 것 같네요.

## 세계인의 식탁을 점령한 유전자 변형 옥수수, 킹콘

그런데 문제는 여기서 말하는 옥수수가 우리가 평소 하모니카 불 듯 먹었던 그 찰진 식용 옥수수가 아니라는 점입니다. 다국적 기업 '몬산토'[25]에서 만든 '킹콘'이라는 **유전자 변형** 옥수수입니다. 킹콩 아니고 '킹콘'이 맞습니다. 이 킹콘이 세계 식품 체계에 미친 영향을 생각하면, '킹콩'이라 불러도 손색이 없을 것 같지만요. 킹콘은 주로 가축 사료나 가공식품에 쓰입니다. 그래서 우리의 의지와 관계없이 우리도 모르는 사이에 옥수수를, 그것도 유전자 변형 옥수수를 먹고 있는 것입니다.

✦ **유전자 변형** 원래 생물의 단점을 없애고 사람에게 도움을 주는 생물로 재탄생시키려고 유전자의 순서를 인위적으로 바꾸거나 넣고 빼는 것

　킹콘은 세계적으로 가장 많이 재배되는 유전자 변형 옥수수입니다. 다국적 종자 회사인 몬산토에서 만들었죠. 킹콘의 유전자는 해충이 먹으면 죽어버리도록 조작되었습니다. 벌레가 달려들지 않으니 농약을 뿌릴 필요가 없는 친환경적인 옥수수라고 몬산토는 광고합니다. 하지만 벌레를 죽이려면 옥수수 안에 벌레를 죽이는 독소가 들어 있어야겠죠? 이는 곧 킹콘은 독소를 가진 옥수수라는 사실을 자백하는 것과 같습니다. 물론, 이 독소는 곤충에만 반응할 뿐 포유류에는 영향을 미치지 못한다고 몬산토는 주장하죠. 그렇지만 벌레를 죽이는 독소가 인간에게 해롭지 않다는 것을 완전히 증명하기는 쉽지 않아 보입니다. 또한, 이런 식의 유전자 변형은 이 독소에 내성을 가진 슈퍼 해충이 나타나면 속수무책이 되므로 최종적으로 농부들은 더 많은 농약을 뿌려야만 할 것입니다.

　게다가 킹콘은 반드시 몬산토가 자체 개발한 제초제 '라운드

업'을 함께 사용해야 합니다. 이 라운드업에만 내성이 생기도록 킹콘의 유전자가 조작되었기 때문이죠. 즉 라운드업이라는 제초제를 밭에 뿌리면 킹콘만 살아남고 다른 잡초는 다 말라 죽습니다. 잡초 제거에 드는 비용을 획기적으로 줄일 수 있겠죠. 몬산토는 킹콘 씨앗과 라운드업이라는 제초제를 세트로 판매하면서 일석이조의 이익을 얻고 있습니다. 그야말로 꿩 먹고 알 먹기 사업입니다.

킹콘은 수확량이 엄청납니다. 백 년 전과 비교하면 다섯 배가 넘는 옥수수를 얻을 수 있죠. 농부들이 킹콘을 많이 심는 이유가 바로 이 때문입니다. 그러나 이렇게 많은 수확을 위해서는 암모니아 계열의 화학 비료를 어마어마하게 사용해야 합니다. 유전자 변형 농산물은 농약과 비료 사용을 줄여 환경에 기여할 수 있다고 주장해 왔지만 사실은 그렇지 않습니다.

수확량이 많은 대신에 킹콘은 뱉어버리고 싶을 정도로 맛이 없어서 그대로 먹지 못합니다. 사료로 만들거나 가공식품, 혹은 바이오 연료의 재료로 사용하죠. 그래서 우리는 가공된 형태의 킹콘을 매일 얼마나 먹고 있는지 알 수 없습니다.

킹콘이 세계적인 대세 옥수수 품종으로 거듭날 수 있었던 것은 미국 정부의 전폭적인 지원을 받았기 때문입니다. 바로 보조금입니다. 1970년대의 식량 위기를 극복하려고 만들었던 이 보

라운드업과 옥수수 대농장

조금 제도가 여러 식품 회사들의 로비와 또 다른 여러 이유로
지속되고 있습니다. 보조금을 많이 받은 킹콘은 저렴한 가격을
무기로 전 세계에 수출되고 있습니다. 반면 미국에서 생산되는
이 킹콘을 수입하는 나라에서는 농업 기반이 무너지고 있습니

다. 킹콘을 수입하는 게 훨씬 저렴하기 때문에 더 이상 옥수수를 재배하지 않으니까요.

우리나라는 아직까지 유전자 변형 농산물GMO 재배를 허가하지 않습니다. 하지만 우리나라는 세계 1위의 유전자 변형 농산물 수입국입니다. 생산은 하지 않지만, 소비는 어마어마하게 하고 있는 것입니다. 2021년 기준으로 GMO 수입 물량을 보면 사료용이 939만 톤(84.3%), 식품용이 175.5만 톤(15.7%) 수입되었습니다. 작물별로는 옥수수가 923만 4000톤으로 가장 많았습니다. 유전자 변형 생물체 작물별 수입 승인량의 83%에 해당하는 수치입니다. 한 다큐멘터리의 제목처럼 '옥수수의 습격'이라고 할 만하죠. 이어 식품용 유전자 변형 대두가 전체 수입량의 9%에 해당하는 105만 6000톤이 수입되었습니다. 우리나라 사람들은 대부분 옥수수와 대두를 통해서 자신도 모르게 GMO를 섭취하고 있습니다.

## 종자 주권과 식량 주권

GMO가 식량 위기의 대안이 될지, 생태계 교란의 주범이 될지, 혹은 인체에 유해한지 무해한지를 둘러싼 논란은 여전히 현재

진행형입니다. 하지만 이런 논쟁을 떠나서 한 가지 짚고 넘어가야 할 것이 있습니다. 바로 '종자'에 관한 것입니다. 대부분의 GMO 종자는 제초제와 세트로 판매되다 보니 결국 종자 회사는 화학 및 제약 회사와 손을 잡거나 합병되어 운영됩니다. 세계 GMO 시장을 장악했던 몬산토가 2018년 독일의 제약 회사 바이엘과 인수 합병하면서 세계 종자 시장은 이제 3대 메이저 회사가 지배하게 되었습니다. 바로 바이엘, 다우듀폰, 켐차이나입니다.

몇몇 거대 기업의 종자가 세계 종자 시장을 점령하다 보면, 필연적으로 전 세계가 동일한 종의 작물을 재배할 수밖에 없습니다. 각각의 풍토에 맞게 재배되던 고유 품종이 사라지게 되겠죠. 이들 메이저 종자 회사에서 판매하는 종자들은 가을에 추수하고 나면 농부들이 내년 농사를 위해 씨앗을 거둘 수가 없습니다. 유전자 변형을 통해 2세대 발현이 되지 않거나, 종자 회사의 특허권을 인정하여 농부가 씨앗을 채취하지 못하도록 했기 때문입니다. 농부들은 어쩔 수 없이 매년 종자 회사에 비싼 값을 치르고 종자를 사야 하는 것이죠. 이 때문에 종자 회사의 특허를 인정하여 매년 농민들에게 종자 사용료를 내도록 하는 것이 옳은가에 대한 논란도 계속되고 있습니다.

유엔식량농업기구에 의하면 지난 세기 농업 분야에서 유전적 다양성의 75%가 사라졌다고 합니다. 몇몇 거대 종자 회사의 품종이 전 세계를 장악함으로써 유전적 다양성은 더욱 위협받고 있습니다. 이렇게 유전적 다양성이 감소하고 품종이 단일화되면, 그 품종에 치명적인 새로운 해충이나 바이러스가 등장하는 경우 심각한 문제가 생길 수 있습니다. 단적인 예를 바나나에서 찾을 수 있지요. 예전에 우리가 주로 먹던 바나나는 대부분 그로 미셸이라는 품종의 바나나였지만, 이 바나나가 파나마병에 취약하여 멸종 위기에 처하게 되었습니다. 이른바 '바나나 멸종설'의 시작이죠. 이 자리를 대체하게 된 것이 캐번디시라는 바나나였지만, 이 바나나 역시 변종 파나마병의 공격을 받게 되면서 다시 바나나 멸종설이 대두되었습니다. 겨우 위기는 넘겼지만, 단일 품종의 작물만 재배했을 경우에 생기는 위험성에 대해서 큰 교훈을 남긴 사건입니다.

　무엇보다도 농부들은 원하는 품종을 고를 수가 없습니다. 종자 회사에서 만들어 파는 것만 심을 수가 있죠. 식물에서 나올 씨앗을 어떻게 사용할지 주체적으로 결정하는 권리를 '종자 주권'이라고 합니다. 종자 회사에 종속되다 보면 농부들은 종자 주권을 잃게 됩니다. 수천 년 동안 생산자로서 자부심을 가지고 소중한 종자를 지키고 가꾸어왔던 농부들은 어느 날 갑자기 종자에 대한 권리를 잃어버렸습니다. 이제 농부들은 더 이상 종자 생산자가 아니라 종자 소비자가 되어버린 것입니다.

이렇게 종자 주권을 잃으면, 결과적으로 식량 주권까지 위협을 당하게 됩니다. 좋은 시절에는 아무 문제가 없겠죠. 유례없이 풍요로운 먹거리를 누리며 생활하는 우리는 식량 위기라는 말이 마냥 남의 나라 이야기인 듯합니다. 그러나 2008년 쌀값 폭등으로 아이티나 필리핀에서 돈이 있어도 쌀을 사지 못하는 사태를 우리는 이미 경험했습니다. 또한 2022년 러시아의 우크라이나 침공으로 인해 세계 곡물 가격이 폭등하면서 주요 곡물 수출국들이 자국의 곡물 창고에 빗장을 걸어 잠그는 것을 우리는 보았습니다. 기후 위기 등으로 언제 갑자기 식량 위기가 닥칠지 모른다는 두려움도 늘 안고 있죠. 이제 식량 주권을 돌아보아야 할 때입니다. 식량 주권은 모든 사람이 각자의 문화에 맞는 안전하고 영양가 있는 적절한 식량과 식재료 생산에 대한 권리를 가지고, 이를 지속 가능하게 하는 것을 말합니다. 종자 주권을 잃으면, 결국 식량 생산에 대한 결정권을 종자 회사에 빼앗김으로써 식량 주권도 잃게 되는 것입니다.

식량 주권을 확보하기 위해서는 식량 자급률 또한 중요합니다. 식량 자급률이 낮으면 결정적인 순간에 식량 수출국의 부당한 요구에 휘둘릴 수밖에 없으니까요. 그런데, 2021년 우리나라 식량 자급률은 채 50%가 되지 않았고, 곡물 자급률만 놓고 보면

| 순위 | 국가 | | 지수 |
|---|---|---|---|
| 1위 | **아일랜드** | | 84.0 |
| 2위 | **오스트리아** | | 81.3 |
| 3위 | **영국** | | 81.0 |
| 4위 | **핀란드** | | 80.9 |
| 5위 | **스위스** | | 80.4 |
| 6위 | **네덜란드** | | 79.9 |
| 7위 | **캐나다** | | 79.8 |
| 8위 | **일본** | | 79.3 |
| 9위 | **프랑스** | | 79.1 |
| 9위 | **미국** | | 79.1 |
| 32위 | **호주** | | 71.6 |
| 32위 | 한국 | | 71.6 |

**2021년 세계 식량 안보 지수**

2020년 기준 겨우 20%대를 지키고 있습니다. 그나마 주식인 쌀의 92.8%를 국내에서 생산하고 있지만 밀(0.8%), 옥수수(3.6%), 콩(30.4%) 등은 자급률이 매우 낮습니다. 정작 자급률이 높은 쌀 소비는 점점 줄고, 자급률이 낮은 밀과 옥수수 소비는 점점 많아지는 상황이죠. 이런 추세라면 우리나라의 재래종 옥수수나 콩도 언젠가는 GMO에 완전히 밀려나게 될지도 모릅니다.

## 무엇을 먹을 것인가

2020년 말 기준으로 우리나라에서 반려동물을 기르는 인구는 604만 가구 1448만 명으로 추정됩니다.[26] 이렇게 많은 사람들이 동물을 사랑하는데도, 육류 소비는 매년 늘고 있으니 참 아이러니한 일입니다.

이는 사람들이 동물을 반려동물과 식용동물로 구분하여 생각하기 때문입니다. 앞에서 이야기한 탈자연화의 효력이지요. 텔레비전에서는 아프리카 세렝게티 초원에서 늘어지게 낮잠을 자는 사자나 드넓은 초원을 무리 지어 뛰어다니는 톰슨가젤, 얼룩말을 보여주면서도 좁은 우리에 갇혀 있는 소나 돼지의 모습은 절대로 보여주지 않으니까요.

우리는 인간의 편의에 따라 동물을 반려동물, 식용동물, 야생동물 등으로 구분하고 이들을 차별하고 있습니다. 채식주의자들은 이런 태도를 '종 차별주의'라고 비판합니다. 모든 동물은 똑같이 대접받아야 한다는 것이 채식주의자들의 주장이죠.

## 채식과 육식, 끝나지 않는 전쟁

1975년 피터 싱어의 《동물 해방》이라는 책이 발표되면서 인간에게 사육당하면서 고통받는 동물에 대한 관심을 불러일으켰습니다. 이 책을 통해 공장식 축산업의 민낯이 폭로되었고 '동물 복지'에 대한 사회적 논의가 활발해졌습니다. 그동안 슈퍼마켓에서 잘 포장된 상품으로만 육류를 접했던 많은 사람들은 네모난 스티로폼 팩에 든 그것들이 원래는 따뜻한 피가 돌고 심장이 뛰는 동물들이었다는 사실을 새삼 깨닫고 엄청난 충격을 받았습니다.

2016년 옥스퍼드 대학교 연구에 따르면 2050년까지 전 세계가 식물성 식단으로 전환한다면 완전 채식인 비건의 경우는 70%, 치즈·우유·달걀을 먹는 채식으로는 63%의 온실가스 배출을 줄일 수 있다고 합니다. 사망률도 6~10% 감소하고, 최고

30조 달러에 달하는 의료비도 절감할 수 있다고 하였습니다.

채식 위주의 식생활은 물 소비도 줄일 수 있습니다. 소고기 1kg을 생산하는 데는 물 1만 5415리터가 소비되는 데에 비해 쌀은 1670리터, 토마토는 214리터의 물이 필요합니다. 육식을 하지 않는 것만으로도 최소 10배에서 최대 80배까지의 물을 절약할 수 있는 것입니다.

공장식 축산이 필요악이라고 주장하는 사람들은 항상 먹여 살려야 할 인구가 너무 많다는 것을 근거로 내세웁니다. 하지만 여전히 전 세계에서 8억 명이 넘는 사람들이 기아에 허덕이며 충분하게 단백질을 섭취하지 못하는 것을 볼 때, 오늘날의 고기 생산 방식이 기아를 해결하는 데 얼마나 도움이 되었는지 생각해 보아야 합니다.[27] 고기 생산에 들어가는 자원과 그 과정에서 발생하는 환경 파괴 문제 등을 고려할 때 오늘날의 사육 방식은 결코 효율적이지 못합니다.

사실 고기를 좋아하는 사람들도 공장식 축산업이 가지는 여러 문제점에 대해서 모르지는 않습니다. 우리의 이런 식습관이 환경에 미치는 영향에 대해서도 알고 있을 겁니다. 그럼에도 변화가 쉽지 않은 이유는 많은 사람들이 진실을 알고 싶어 하지 않기 때문이죠. 절대로 고기를 포기하지 못하는 상황에서 진실을 알게 되면서 갖는 양심의 부담감이 싫은 거예요. 동물 복지

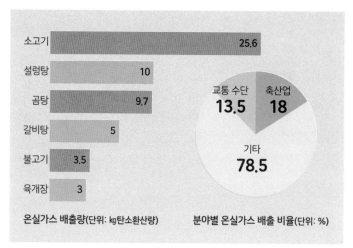

**온실가스 배출량**

니 환경이니 하는 문제는 자신과 관계없는 일이라는 인식도 한 몫합니다. 여러 가지 이유로 우리는 이런저런 진실에 대하여 눈과 귀를 닫으며 말합니다.

"아, 몰라. 말하지 마! 밥맛 떨어져."

채식주의에 대한 사회적 열풍이 크게 일면서, 극단적인 채식에 반대하고 영양학적인 균형을 맞춰야 한다는 차원에서 육식의 필요성을 주장하는 목소리도 같이 커지고 있습니다. 이것을 보면 육식이냐 채식이냐 논쟁은 당분간 끝나지 않을 것으로 보입니다. 새로운 연구 결과에 따라 결론이 언제든 바뀔 수도 있고, 같은 결과에 대해서도 개인적인 판단이 다를 수 있으니까요. 최근 들어서는 오히려 논쟁이 더욱 과열되고 있죠. 프랑스에서는 일부 채식주의자들이 정육점에 붉은색 페인트 테러를 하기도 하고, 영국에서는 극단적인 육식주의자가 비건 음식을 파는 노점 앞에서 죽은 다람쥐를 생으로 먹는 퍼포먼스를 하여 많은 사람들이 경악하기도 하였습니다.

## 육채 전쟁의 결말

후안 엔리케스는 《무엇이 옳은가》라는 책에서 기술의 발달로 배양육이 탄소 배출을 최소화하면서도 맛이나 영양 면에서 더 완벽해진다면, 육식이냐 채식이냐를 놓고 다툴 이유도 없어질 거라고 말했습니다. 동물의 세포를 이용해 실험실에서 고기를 배양하는 배양육肉과 달리 식물성 원료만을 가지고 고기 맛을 내는 대체육肉에 대한 연구도 활발해지고 있죠. 버거킹이나 맥도날드에서는 이미 '임파서블 버거', '맥플랜트 버거' 등 비건용 버거를 내놓았습니다.

그렇다고 기술의 발전이 모든 것을 해결해 주기를 마냥 믿고

대체육을 넣은 맥플랜트 버거

기다리는 것은 백인들이 가져다준 문명화된 물건들을 신이 주는 선물로 착각해서 하늘만 쳐다보고 있는 화물 신앙(카고 컬트 cargo cult)의 또 다른 버전이 될 수도 있습니다. 무엇이 옳은가의 기준이 달라질 수는 있지만, '옳다고 생각하는 방향'으로 나아가려고 노력하지 않거나, 문제의 원인을 엉뚱한 데서만 찾다 보면 전혀 다른 방향으로 가버릴 수도 있으니까요.

현대 사회에서 객관적으로, 그리고 절대적으로 옳다고 할 수 있는 주장은 많지 않습니다. 각자의 목소리를 인정하고 귀를 기울이면서 공통된 주장에 대해 합의점을 찾아나가면 됩니다. 그 합의점이 '옳은' 것인지는 아직 알 수 없지만, 적어도 현재의 기준에서 모두가 옳다고 생각하는 방향은 될 수 있을 테니까요.

예를 들어 '절대로 동물에게 고통을 주어서는 안 된다'는 주장을 '가능하다면 동물에게 고통을 주어서는 안 된다'는 주장으로 바꿀 수 있다면 합의가 가능해집니다. 육식을 옹호하는 사람들도 육식이 불가피한 선택이라고 주장하지, 동물에게 고통을 주어도 좋다고 주장하는 것은 아니니까요. 동물에게 고통을 주지 않는 방법을 함께 찾으면 됩니다. 이런 암묵적 합의에 따라 배양육과 대체육 개발에 힘을 쏟고 있는 것입니다.

육식과 채식에서 논란이 되는 세 가지, 영양, 환경과 윤리적인 측면도 생각해 볼까요? 영양학적 측면에서의 논의는 연구 사례들이 더 많아지면 윤리적인 판단의 문제가 아니라 객관적인 사실의 문제로 인정될 수 있습니다. 각자의 주장을 뒷받침할 사례들을 더욱 연구하다 보면 합의점이 나올 테니까요. 그동안 건강한 논쟁을 계속할 수 있겠지요. 하지만 채식이냐 육식이냐를 떠나 초가공식품이 건강의 적이라는 점에는 모두 동의합니다. 엄격한 육식주의자인 카니보어들도 '신선육'을 먹어야 한다고 주장하면서, 가공육을 멀리합니다. 우선은 초가공식품을 우리 식단에서 밀어내는 노력을 함께 할 수 있겠죠.

환경적인 측면에서의 논의 역시 '지속 가능성'이라는 문제에는 쉽게 합의가 이루어지고 있습니다. 탄소 배출을 줄이고 '종 다양성'을 지키는 길이 지속 가능성을 높이는 방법이라는 점에 대해서도 이견이 없지요. 종 다양성을 지키기 위해 몇 가지 한정된 식품만으로 먹거리가 제한되지 않도록 공동의 노력을 할 수 있을 것입니다. 각 나라와 민족의 전통 음식들을 지켜나가는 것도 방법이 되겠죠. 대규모 단일 경작에 대해서도 함께 반대의 목소리를 낼 수 있습니다.

생명 윤리 차원에서도 인간이 살기 위해서 어쩔 수 없이 먹지만 동물의 고통을 최소화해야 한다는 점에 대해서는 인식을 같이 하고 있습니다. '공장식 축산업'이 동물에게 고통을 준다는 점에 대해서도 서로가 부정하지 않습니다. 육식주의자들도 공장식 축산업을 통해 길러진 고기가 아니라 목초지에서 풀을 뜯으며 자란 소를 더 좋아합니다. 동물들의 본성을 해치지 않는

공장식 축산으로 밀집 사육되는 닭

방식으로 길러야 한다는 점에서도 생각이 같습니다. 고기를 아예 먹지 않을 수도 있지만, '동물 복지 인증'을 받은 고기를 구매함으로써 생산자들이 동물 복지에 더 관심을 갖게 만들 수도 있고, 육류를 지금보다 덜 먹기 위해 노력할 수도 있습니다.

인간은 원래 '잡식 동물'입니다. 먹을 수 있는 것이 무엇인지에 대해 늘 고민해야 하는 인간의 특성을 '잡식 동물의 딜레마'라고 말하기도 합니다.[28] 정해진 먹거리를 먹는 동물들과 달리 인간은 무엇을 먹을 것인지 선택할 수 있지요. 우리에게 주어진 많은 선택지 가운데, 최소한의 합의된 내용들을 지킬 수 있는 '적용 가능한' 먹거리 선택을 위해 노력해 나가야 합니다. 어떤 선택이 더 나은 선택인지를 고민해야 합니다. 결국 중요한 것은 육식이냐 채식이냐를 떠나 '어떻게 만들어진 것'을 먹느냐 하는 것입니다.

# 카고 컬트cargo cult

태평양 한가운데 있는 어느 섬에 세상과 교류하지 않고 그들만의
방식으로 살아온 한 부족이 있었어요. 그들은 저 바다 밖에 무엇이 있는지
알지 못한 채 섬 안에서 평화롭게 살아가고 있었죠. 그런데 어느 날 갑자기
하늘에서 천지가 요동치는 소리를 내며 강철로 된 거대한 새가 섬에
내려왔습니다. 그러고는 피부색도 다르고 신기한 옷을 입은 사람들이 그
거대한 새에서 내려 섬으로 들어왔어요.

그 사람들은 알아들을 수 없는 말을 주고받았으며, 이 부족에게 지금까지
보지 못했던 아주 유용한 물건들을 조금씩 넘겨주었어요. 끈적끈적하지만
달고 고소한 음식들, 그들이 가지고 있는 것보다 몇 배나 튼튼한 옷,
어떻게 만들었는지는 모르지만 아주 신기한 물건들이었죠. 쓴맛이
나는 하얀 가루나 작은 돌멩이 같은 것은 신기하게도 먹으면 설사가
멈추거나 피부병이 사라지기도 했어요. 이런 물건들 덕분에 부족의 삶은
풍요로워졌어요.

그런데, 그 사람들은 정작 이런 물건을 생산하기 위한 농사나 고기잡이
등의 활동을 전혀 하지 않았어요. 그저 귀에다 이상한 것을 꽂고 특정

장소에서 하늘을 향해 두 손을 저으면 쇠로 만든 거대한 새가 나타나서 물건을 놓고 갈 뿐이었죠. 그러던 어느 날 갑자기 그 이상한 사람들은 거대한 새를 타고 바다 너머로 사라져 버렸어요. 이 부족은 더 이상 그 진귀한 물건들을 얻을 수가 없었죠.

그 물건들을 다시 얻으려면 어떻게 해야 할까요? 그 이상한 사람들이 사용하던 도구를 이용해 그들이 했던 것처럼 귀에다 이상한 것을 꽂고 하늘을 향해 두 손을 저으면 쇠로 만든 거대한 새가 다시 나타나서 물건을 내려주지 않을까요?

카고 컬트(화물 신앙貨物信仰)란 주로 남태평양의 멜라네시아, 뉴기니 인근에서 19세기 말부터 일어난 컬트(미신)계 종교의 한 형태를 말해요. 외부와 단절되어 있던 태평양의 섬사람들이 서양인과 처음으로 접촉하면서 서양인이 가져온 화물들이 근대 문명의 산물이라는 것을 알지 못해 그들의 조상신이 마법을 통해 내려준 선물이라고 믿는 내용이에요.

# 다시 잘 먹는다는 것

5

농장을 소유하지 않는 데서 오는 두 가지
정신적인 위험이 있다. 하나는 아침밥이
그저 식료품 가게에서 나온다고 생각하는
위험이고 다른 하나는 온기는 그저
화덕에서 나온다고 생각하는 위험이다.

_ 데자르뎅[*]

이 음식이 어디서 왔는가, 내 덕행으로 받기가 부끄럽네.
마음의 온갖 욕심 버리고 육신을 지탱하는 약으로 알아
깨달음을 이루고자 이 공양을 받습니다.
—발우공양 게송


　불교에서 승려들의 일상적인 식사를 '발우공양'이라고 하는
데, 발우공양 게송은 이 발우공양 때 외우는 말입니다. 첫 문장,
'이 음식이 어디서 왔는가'라는 말을 새삼 새겨봅니다. 오늘 이
음식이 나의 밥상에 오르기까지 행해진 누군가의 수고와 나의
생명을 지키기 위해 희생된 다른 생명에 대해 감사한 마음을 담

아 외치는 말입니다. 물과 바람, 토양, 해와 달까지 모든 자연의 손길과 땀 흘려 일한 농부에서부터 밥을 지어준 분까지 한 톨의 쌀이 밥이 되기까지 애쓴 모두에게 감사하며 먹어야 합니다. 지금 내 밥상에 올라와 있는 것들이 원래는 하나의 생명이었다는 사실도 떠올려 봅니다. 이런 것들을 먹고 사는 '나'는 과연 어떻게 살아야 할까요? 욕심을 버리고, 먹는 것 하나 허투루 대해서는 안 된다는 생각이 들지 않나요?

## 음식 윤리의 의미

먹는다는 것은 기본적으로 생물학적이면서 본능적인 행위지만, 이성적이면서 도덕적인 판단의 대상이 되는 행위이기도 합니다. 종교에서는 무엇을 먹고, 무엇을 먹지 말아야 하는지를 아주 중요하게 여겼습니다. 이슬람에서는 모든 돼지고기와 **할랄** 인증을 받지 않은 고기는 먹지 않고, 힌두교에서는 흰 소를 신성시하여 소고기를 먹지 않습니다. 불교에서는 아예 고기를 먹지 않도록 하고 있죠. '무엇'을 먹어야 하는가에 대한 관심입니다.

인간은 늘 함께 먹을 것을 구

✦ **할랄** 이슬람교도가 먹고 쓸 수 있는 것을 모두 이르는 말로, 아랍어로 '허용된 것'이라는 뜻

하고, 함께 나누어 먹었습니다. 인간이 밥상에 모여 앉아 같이 밥을 먹는 이유는 함께 먹거리를 구한 수고에 대한 정당한 분배를 위해서였다고 합니다. 정당한 자기 몫의 밥그릇을 지켜주는 것 또한 공동체 유지를 위해 중요한 일이기 때문이죠. 물론 자기 밥그릇만 챙겨서는 안 됩니다. 서로의 몫을 챙겨주며 나누어 먹는 덕이 필요했지요. '어떻게' 먹느냐에 대한 관심입니다.

음식을 먹는 것이 윤리적 행위라면, '무엇'을 '어떻게' 먹어야 하는가에 대한 관심이 바로 '음식 윤리'라고 할 수 있습니다. 단순히 어른보다 숟가락을 나중에 들어야 한다거나, '좌 포크, 우 나이프' 같은 식탁 예절을 넘어서는 문제이죠. 옛날에는 먹을 것이 부족했기 때문에 대체로 절제와 극기가 음식 윤리의 기본인 경우가 많았습니다. 먹을 것을 확보하고 아끼는 것이 무엇보다 중요했고, 공동체 전체에 이득이 되었죠. 그런데, 먹을 것이 넉넉해진 오늘날에는 무엇보다 '잘 먹는' 것이 중요해졌습니다. 미국의 철학자 로저 킹은 잘 먹는다는 것은 음식에 관하여 윤리적으로 생각하는 것이라고 하였습니다.[29] 먹거리가 풍부해질수록 지금까지와는 다른 차원에서 음식 윤리가 중요해지고 있습니다. 음식에 감사하고, 아끼며, 각자의 몫에 대하여 공정하고 공평하게 나누어 먹는 문제를 넘어서 지속 가능한 생태계에 대한 고민도 함께해야 하니까요. 먹거리 체계가 복잡해질수록 새로운 먹거리 관련 문제는 계속해서 생겨나고 있습니다.

불과 한 세기 전만 해도 우리나라는 전 국민의 80% 이상이 농민이었고, 지금과 같은 도시화가 이루어지기 전에는 누구나 텃밭 하나쯤 가꾸며 살았습니다. 사람들 대부분이 먹을 것과 관련해서 생산자이면서 동시에 소비자였던 셈이죠. 그런데 산업 사회로 접어들면서 많은 사람이 음식과 관련하여 자신을 생산자로 여기지 않습니다. 다른 나라의 경우도 다르지 않습니다. 오늘날과 같은 먹거리 체계에서는 농민 한 사람이 155명의 먹을 것을 제공한다고 합니다.[30] 약 300명 중 두 명을 제외하고 나머지는 음식과 관련하여 그저 '소비자'일 뿐이죠. 심지어 직접 요리하는 사람도 점점 줄어들기 때문에 그야말로 사람들 대부분이 소비자로서만 음식을 대합니다. 생산자가 누군지에 대한 관심도 없지요.

그런데 문제는 일단 소비자가 되고 나면, 우리가 먹는 음식들이 '어떻게 생산되는가'는 모두 생산자의 책임이라고 생각하는 것입니다. 우리의 소비 관행이 생산에 어떤 영향을 미치는지는 생각하지 않습니다. 그저 값싸고, 빠르고, 편리하고, 맛있는 것만을 찾게 되죠. 음식 윤리라고 하면 그저 생산자들이 양심에 따라 먹거리를 생산해야 하는 의무 같은 것쯤으로 여길 뿐입니다.

이런 사람들을 두고 '음식 문맹'이라고 합니다.[31] 우리 대부분이 이렇게 음식 문맹이 되어 소비자로 만족하면서 생산자에게 모든 탓을 돌리는 사이, 식품 업계에서는 소비자를 핑계로 내세웁니다. 저렴한 비용을 위한 비윤리적 선택들을 두고 소비자를 위한 것이라고 말하죠.

소비자를 생각하면 비용을 절감하기 위해 어쩔 수 없다.

결국 시장을 바꾸는 것은 소비자임을 알아야 합니다. 소비자가 요구해야 합니다. 음식 소비자들이 생산자에서 완전히 분리되어 있는 동안, 현대 먹거리 체계에 무슨 일이 벌어지고 있는지를 알아야 합니다.

밥 한 톨이 우리 입으로 들어오기까지 70여 명의 손을 거친다고 합니다. 그러므로 '먹는다는 것'은 필연적으로 다른 사람들과 관계를 맺는 일입니다. 다른 사람들과 함께 식사하면서 만들어지는 관계에서부터 시작하죠. 나아가 오늘날처럼 글로벌한 음식 체계에서 그 관계는 세계 시민들과의 관계로까지 연결됩니다. 또한 우리에게 먹히는 것들과의 관계, 그것들이 자라는 서식지와 토양과의 관계에도 영향을 주죠. 음식 윤리는 이 모든 관계들에 대해 관심을 가지는 것이기도 합니다.

# 지속 가능한 먹거리 체계를 위해

도시 사회가 식량을 얻기 위해 만들어낸 인간 사회가 '식량 제국'인데, 이 제국은 네 가지 가설을 바탕으로 세워져 있다고 합니다. 첫째, 지구는 충분히 비옥하다. 둘째, 앞으로도 계속 날씨가 좋을 것이다. 셋째, 한두 작물의 대량 생산만 잘하면 된다. 넷째, 인간은 값싼 화석연료를 얻는 것을 당연하게 여긴다. 이 네 가지 가설을 버려야만 인류가 식품을 생산하고 유통하고 소비하는 데서 발생하는 진짜 비용이 얼마인지가 드러날 것이라고 합니다. 이 가설을 버리지 않는 한 인류가 만든 식량 제국은 지속 가능한 한계 이상으로 팽창하다가 파멸할 것이라고 경고하죠.[32]

그러므로 오늘날 음식 윤리에서 가장 중요한 요소는 지속 가능성을 성취하는 것입니다. 지속 가능성이란 인간이 삶의 터전으로 삼는 자연이 다양성과 생산성을 유지하고 균형 있게 기능하는 것을 말합니다. 우리의 음식 체계도 이런 지속 가능성을 유지해야 하죠. 지속 가능한 인간의 행위란, 환경은 물론 생명체 모두의 행복에 대하여 고민하는 것이어야 합니다. 먹거리 체계로 인해 생기는 결과가 생산자와 소비자 모두에게 공정하게 돌아가고, 자연에 해가 되지 않아야 하며, 인간의 건강에도 해가 되지 않아야 하죠.

음식 윤리는 결국 실천의 문제입니다. 그런데 실천 문제가 너무 어렵고 복잡하면 사람들은 자신들의 기호나 주머니 사정에 따라 아무것이나 소비하고 말자는 생각을 가질 수 있습니다. 일상생활에서 바꿀 수 있는 작은 실천에서부터 시작해야 합니다.

음식 윤리는 또한 생명을 존중하는 마음입니다. 그런데 이 생명을 존중하는 마음을 일종의 규칙으로 받아들이면 거부감이 생깁니다. 음식 윤리를 논할 때, 절대적인 기준만을 강요해서도 안 되죠. 음식과 관련된 가치는 너무나 다양합니다. 다양한 가치를 담아낼 수 있는 사회적 의사 결정 과정이 필요합니다.

결국, 음식 윤리는 생명에 대한 존중을 바탕으로 우리에게 먹히는 것들에 대해 생각하기, 그들과 우리 인간의 터전인 지구의 지속 가능성에 대해 고민하기, 음식이 만들어져서 우리 식탁에 올라오기까지의 과정에서 생산자와 소비자의 정당한 관계 맺음, 그리고 소비자인 우리 한 사람 한 사람이 절제하며 안전하고 행복하게 음식을 먹는 과정, 그 모든 과정에 대한 고민입니다.

지속 가능한
지구를 위한
미래 식량

베이징 여행을 가면 빼놓지 않고 가는 곳이 있습니다. 바로 왕
푸징 거리인데요, 그곳에 가면 꼬치 거리를 꼭 지나게 됩니다.
이곳에는 보는 사람의 눈을 의심하게 하는 온갖 곤충과 파충류,
양서류가 꼬치나 튀김이 되어 즐비하게 놓여 있습니다. 뱀, 전
갈, 지네, 굼벵이, 거미, 불가사리 등등. 생각지도 못한 생명체를
먹거리로 처음 접하면 엄청난 충격을 받습니다.

"너무 야만적인 것 아니야."

이런 말을 내뱉기도 하죠.

왕푸징 거리에서 파는 꼬치

　그런데, 우리나라 사람들이 산낙지나 번데기를 먹는 것을 보며 누군가는 똑같은 생각을 한다는 것을 아시나요? 지네와 굼벵이는 약재로 쓰이기 때문에 우리나라 사람들도 먹죠. 한때 우리는 메뚜기나 매미를 구워 먹기도 했습니다. 시골이 고향인 부모님이나 조부모님 세대에게는 어린 시절에 한 번쯤 그런 기억이 있을 거예요. 의외로 맛도 좋다고 할걸요.

# 곤충을 먹는다고?

아프리카에서는 아직도 흰개미와 같은 곤충 요리를 먹는 곳이 많습니다. 영국의 식민 지배를 받다가 1964년 독립한 잠비아도 곤충 요리를 먹습니다. 특히 주식인 곡물의 작황이 좋지 않을 때 곤충 요리는 훌륭한 식량이 되었습니다. 그런데 식민 지배 시기에 잠비아로 선교 활동을 하러 온 유럽인들이 보기에 흰개미 튀김을 먹는 모습은 충격적이었죠. 그래서 그들은 잠비아인들에게 애벌레나 날개 달린 흰개미를 먹는 것은 야만적이라고 가르치면서, 국제 구호 재단으로부터 들여온 음식을 나눠주었습니다. 잠비아인들은 더 이상 애벌레를 먹을 필요가 없어졌죠. 그런데, 잠비아가 영국으로부터 독립한 후에 무비판적인 서구화에 반성하는 사회적 분위기가 일어나면서, 애벌레나 흰개미 튀김 같은 요리들이 아프리카의 훌륭한 음식이라는 주장이 다시 나오기 시작했습니다. 지금은 쿰비쿰비kumbi kumbi라고 불리는 흰개미 튀김이나 애벌레 요리들이 훌륭한 후식이나 길거리 간식으로 대접받고 있습니다.

영화 〈설국열차〉를 보면, 기차의 꼬리 칸에 사는 하층민들은 시커먼 색의 양갱같이 생긴 음식을 먹습니다. 바로 바퀴벌레로 만든 단백질 블록입니다. 관객들에게는 충격적인 장면이었죠. 그런데 더 놀라운 사실은 미래 사회에 인간이 진짜로 곤충을 먹으며 살게 될지도 모른다는 것입니다. 실제로 최근 미래 식량으로 곤충의 가치를 논하는 사회적 분위기가 뜨겁고, 식용 곤충에 대한 사회적 인식도 점점 높아지고 있습니다. 단백질 생산에 드는 비용과 환경적인 영향을 고려했을 때, 곤충이야말로 지속 가능한 훌륭한 미래 먹거리라는 점이 지금까지의 연구 결과이고, 식용 가능한 다양한 곤충들이 음식으로 상용화되기도 했습니다. 그러나 여전히 생각만 해도 소름 돋는 사람도 많습니다.

보기만 해도 징그러운데, 이것을 먹으라니!

사람들이 곤충에 대해 가지고 있는 이런 심리적 거리감 때문에, 곤충을 평범한 먹거리로 받아들이는 데에는 아직 시간이 더 필요해 보입니다.

## 원효대사 해골 물

그런데 어떤 것은 먹을 수 있고, 어떤 것은 먹어서는 안 된다는 기준은 무엇일까요? 곤충이 훌륭한 단백질 공급원이고, 육류에 비해 생산 비용이 절대적으로 저렴한데도 불구하고 음식으로 제대로 사랑받지 못하는 것을 보면 단순히 음식의 영양이나 맛에 대한 과학적 지식이나 정보만이 음식 선택의 기준이 아니라는 것을 알 수 있습니다. 기준은 결국 일종의 사회적 관습이나 암묵적인 동의 같은 것입니다. 그리고 사회 심리적인 것이기도 하죠.

통일신라 시대 원효대사가 동굴 속에서 잠을 자다가 잠결에 마신 물이 달고 맛났는데, 자고 일어나 보니 그것이 해골 물이 었다는 사실을 알고 큰 깨달음을 얻었다는 이야기는 잘 알려져 있습니다. 일체유심조一切唯心造, 모든 것은 마음먹기에 달렸다는 뜻입니다. 좀 생뚱맞은 이야기이기는 하지만 먹을 수 있는 것과 먹을 수 없는 것을 가르는 기준도 결국은 심리적인 것입니다. 먹어도 건강에 해가 되지 않는다는 전제하에 말이죠. 어떤 것이 먹을 수 있는 것인가에 대한 판단에는 개인적 심리를 넘어 사회적 심리가 작용합니다. 미래의 먹거리로 기대하는 곤충을 모든 사람들이 '먹을 것'이라고 인식할 수 있도록 만들기 위해 넘어야 할 장벽이기도 하죠.

20세기 이후 급격하게 서구화된 식습관과 글로벌 먹거리 체계로 인해 먹거리를 선택하는 기준이 점점 획일화되어 가는 것도 미래 먹거리 확보를 어렵게 만듭니다. 나라나 민족마다 서로 다른 전통적인 음식 스타일이나 독특한 식습관을 무시하고 야만시함으로써, 인간이 먹을 수 있는 것의 종류가 점점 줄어들고 있기 때문이죠. 단일 경작한 농산물이 저렴한 가격을 무기로 무차별적으로 들어오면서 전통적인 먹거리 체계를 붕괴시키는 것도 먹을 수 있는 것들의 종류가 줄어드는 원인입니다. 현재 인류가 직면한 기아의 원인은 자원이 부족해서가 아니라, 세계화된 먹거리에 음식 주권을 빼앗겼기 때문입니다. 서구식 음식 문화가 세계인의 식생활을 장악함으로써, 고유의 음식 문화를 잃고 점차 서구식으로 변해 가고 있는 것입니다. 그러다 보니 먹을 수 있다고 '생각하는 것'들이 점점 줄어들죠.

우리가 먹을 수 있다고 정의하는 것들이 더 다양해져야 합니다. 물론, 영양학적으로 먹을 수 있다고 해서 '아무것'이나 먹을 수는 없습니다. 음식 윤리나 동물 복지, 환경적 측면에서 문제가 없는지도 당연히 고려해야 하죠. 단순히 인간의 식탐이나 건강을 위해 맹목적으로 무분별하게 먹는, 말 그대로 '혐오 식품'들을 다양성 차원에서 옹호할 수는 없으니까요. 다만, 다양한 문화적 배경에 의해 생겨난 특이한 먹거리를 서구식 식습관과 다르다고 해서 혐오 식품이라는 포괄적인 멍에를 씌워 배척하고 야만시하는 것에 대해서 좀 더 진지하게 고민해 보자는 것이죠.

식용 곤충 밀웜으로 만든 음식

　공장식 축산업이나 대규모 농업으로 단일 경작한 대략 열대
여섯 가지의 음식들뿐만 아니라, 문화권마다 지켜온 전통적인
식사 스타일도 존중하고 다양하게 인정해야 합니다. 전통적으
로 갖고 있던 맛에 대한 기억을 지켜나가야 세계인들이 더 다양
한 음식을 먹게 되고, 그렇게 함으로써 종 다양성을 지킬 수 있
을 것입니다. 아울러 지속 가능한 먹거리를 발굴하기도 수월해
지지 않을까요?

# 미래 먹거리, 곤충

단백질 1kg을 생산하는 데 소는 10kg, 돼지는 5kg, 닭은 2.5kg의 사료가 필요하지만, 곤충은 1.7kg의 사료만 먹어도 같은 양의 단백질을 생산할 수 있다고 합니다. 유엔식량농업기구에 따르면, 이미 현재 전 세계 약 20억 명의 인구가 곤충을 섭취한다고 해요. 곤충은 단백질뿐만 아니라 많은 영양소를 함유한 우수한 영양 공급원이죠. 식용 곤충은 높은 수준의 비타민 B12, 철분, 아연, 섬유질, 필수 아미노산, 오메가3 및 오메가6 지방산, 항산화제를 함유하고 있어 건강에도 좋습니다.[33]

세계적으로 1900여 종 이상이 식용으로 취급되고 있고, 우리나라에서는 2021년 기준 10종이 식용 곤충으로 인증받았습니다. 식약처에서는 인간이 먹어본 적이 없는 종류의 곤충에 대한 안전성 테스트를 꾸준히 하고 있으며, 그 결과를 바탕으로 식용 곤충 인증을 하고 있죠. 식용 곤충 농장은 수직으로 지을 수 있을 뿐만 아니라 기후 조절 시설을 통해 좁은 공간에서 1년 내내 사육할 수 있어서 비용 면에서도 효율적이고 환경 발자국도 덜 남깁니다.

그러나, 아직까지 곤충을 먹는 데에 거부감이 많아 확실한 미래 먹거리로

자리 잡는 데 어려움이 있죠. 맛에 대한 고민과 함께 환경 및 영양상의
이점을 지속적으로 홍보해서 식용 곤충에 대한 긍정적인 인식 개선이
필요합니다.

## 우리나라 식약처 인증 식용 곤충 10종

아메리카왕거저리 유충(슈퍼밀웜), 장수풍뎅이 유충,
흰점박이꽃무지 유충(굼벵이), 쌍별귀뚜라미, 식용 누에 번데기, 백강잠,
메뚜기, 갈색거저리 유충(밀웜), 수벌 번데기, 풀무치

식용 누에 번데기

# 대체육과 배양육

인류 역사상 가장 비싼 햄버거는 얼마짜리일까요? 놀라지 마세요. 무려 33만 달러(약 4억 원)입니다. 2013년 8월 5일 네덜란드의 생체조직공학자 마크 포스트가 어마어마한 스포트라이트를 받으며 먹었던 그 햄버거입니다. 도대체 무슨 햄버거였을까요? 바로 실험실에서 생장한 배양육으로 만든 패티가 들어간 햄버거였죠. 물론 33만 달러에는 그동안의 연구 개발 비용이 모두 포함되어 있지만 말입니다.

배양육은 근육 줄기세포 또는 배아 줄기세포를 배양하여 이를 3D 프린팅으로 사람들이 먹는 육류 제품과 비슷하게 모양을 만든 식용 고기입니다. 대두에서 추출하는 식물성 분리 단백질로 만드는 대체육과 더불어 육류를 대신할 기대되는 미래 먹거리죠. 즉, 배양육은 목장이 아닌 실험실에서 인공적으로 만든 고기이고, 대체육은 식물인 콩을 이용해 만든 고기 아닌 고기입니다. 전문가들은 배양육이 기존 육류 생산에 비해 온실가스 배출을 80% 감소시키고 물 사용량을 96% 절감할 것으로 내다보고 있습니다. 무엇보다도 '동물을 잔인하게 도축하는 과정' 없이도 생산이 가능하다는 점에서 미래 먹거리로 주목받고 있죠.

하지만 여러 가지 규제로 인해서 싱가포르를 제외하고는 아직 판매 단계에 이르지는 못했습니다. 지금의 기술력만으로 볼 때, 배양육 생산이 전통적인 육류 생산 방식에 비해 반드시 환경적 효과가 우수하다고 볼 수는 없다는 연구 결과도 나오고 있습니다. 배양육 생산 과정에서 나오는 이산화탄소는 한 번 방출되면 대기에서 약 천 년간이나 지속됩니다. 그런데 육류 생산에서 발생하는 메탄가스는 톤당 온실효과는 높지만 대기에서 12년 동안만 지속되므로 오히려 그동안 메탄가스로 인한 악영향이 과대평가되었다는 것이죠. 또 한편으로 세포 배양 과정에서 유전자 편집 기술을 사용하는 점도 문제로 지적됩니다. 유럽에서는 미국과 달리 유전자 편집 기술도 유전자 변형 생물로 여기기 때문이죠.

하지만 못 말리는 인류의 고기 사랑과 동물권 보호라는 딜레마를 극복하는 방법은 결국 대체육이나 배양육이 될 수밖에 없습니다. 2040년대쯤이면 전체 육류의 60% 정도를 배양육이나 대체육으로 대체 가능하다는 연구 결과도 나오고 있습니다.

대체육 기술이 나날이 발전하고 상용화되었지만, 식물과 동물의 영양에는 엄연한 차이가 있고 우리가 느끼는 맛에도 분명한 차이가 있습니다. 대체육에 비해 배양육이 더 주목받을 수 있는 이유입니다. 배양육이 더 진짜 같은 고기 맛이 나니까요.

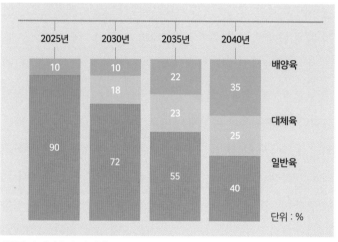

2025년    2030년    2035년    2040년

배양육

대체육

일반육

단위 : %

**대체육과 배양육 소비 예상**

육류 시장이 대체육이나 배양육으로 전환되어서 대량 생산과 소비가 이루어지면 현재보다 훨씬 저렴한 비용으로 생산 및 공급이 가능해집니다. 그러면, 당연히 온실가스 배출량도 현저하게 줄일 수 있습니다. 유전자 편집 기술과 관련된 문제도 한 세대에 걸쳐 안전성 테스트가 끝나면 그 위험성도 어느 정도 해소되겠죠. 이러한 기술의 발전으로 육식에 대한 우리의 윤리적 판단도 바뀔 수 있을 것입니다.

그렇게 되면 미래 세대 대부분은 동물을 먹지 않아도 되겠죠. 어쩌면 우리의 미래 세대는 동물을 끔찍하게 도축하여 고기를 먹었던 조상들의 잔인함에 대해 두고두고 몸서리를 치게 될

지도 모릅니다.

## 하늘에서 음식이 내린다면

애니메이션 〈하늘에서 음식이 내린다면〉에서 허당 과학자 '플린트'는 먹을 것이라고는 정어리밖에 없는 '꿀꺽퐁당' 섬을 위해 물을 음식으로 바꾸는 '슈퍼음식복제기'를 만듭니다. 일종의 음식 3D 프린트입니다. 하지만 실험 도중 실수로 기계가 하늘로 날아가고 말죠. 실망하고 있던 플린트 앞에 갑자기 맛있는 햄버거 비가 내리기 시작합니다. 그때부터 섬에는 핫도그 비, 치킨 비, 아이스크림 비 등 매일매일 음식이 내려옵니다. 모두가 행복했죠. 그러나, 점점 더 많은 음식을 요구하는 사람들의 탐욕으로 인해 기계가 멋대로 작동하면서 엄청나게 거대한 음식 비가 쏟아지기 시작합니다. '꿀꺽퐁당' 섬에 그야말로 초유의 재난 상황이 발생한 것이죠. 자신이 일으킨 문제이니 자신이 해결해야겠다고 마음먹은 플린트는 친구들과 함께 하늘로 올라가 온갖 어려움을 극복하고 자신이 만든 기계를 폭파해 버립니다.

단순히 동화 같은 환상이라고 하기에는 생각할 거리가 많은 영화입니다. 3D 프린팅 기술을 활용해 원하는 음식을 만들어 내는 것도 현실이 되어가고 있습니다. 기술의 발전은 인간에게 풍요로운 미래를 선사할 수도 있지만, 영화처럼 그 결과가 항상 해피엔딩이 되리라는 보장은 없습니다. 중요한 것은 우리가 그 기술을 어떤 가치를 가지고 어떻게 활용하느냐 하는 것이죠.

인류의 먹거리에 대한 고민을 기술력으로 해결하고자 하는 것을 푸드테크food-tech라고 합니다. 지금까지 푸드테크의 진화 방향은 '친환경'입니다. 물론, 먹거리 생활의 편의성을 기본으로 하고 있지만요. 기후 변화와 환경 오염 문제에 대한 사회적 고민이 커지면서 친환경에 대한 사회적 가치가 높아지고, 가치 소비를 지향하는 MZ 세대의 소비 트렌드가 대세가 되면서 푸드테크 시장의 성장을 이끌고 있습니다. 푸드테크는 인류의 생존을 위협하는 기후 변화 문제를 해결할 수 있는 대안으로 주목받고 있죠. 그 대표 주자가 앞서 이야기한 대체육과 배양육입니다. 곤충을 활용한 단백질 식품도 푸드테크 시장의 중요한 아이템입니다.

푸드테크라고 하면 흔히 스마트팜 등 농업에 기술을 결합한 형태인 **어그테크**, 사람에게는 건강하면서도 환경을 해치지 않는 식품 생산을 위한 푸드사이언스 분야를 떠올립니다. 하지만 최근 코로

✦ **어그테크** 농업agriculture 과 기술technology을 결합 한 말

나19로 인해 비대면 문화가 확산되면서 방문형 외식 산업이 축소되고 배달앱이 이를 대신하면서, 온라인과 오프라인을 결합한 O2O서비스나 푸드딜리버리, 스마트키친 등의 분야에서도 급속하게 푸드테크가 도입되고 있습니다.

미래에는 실험실에서 배양된 고기로 나의 취향에 맞는 레시피에 따라 로봇이 요리한 스테이크가 나의 저녁 식사가 될 수도 있습니다.

오늘 저녁에 뭐 먹지?

인간의 오랜 고민거리였던 메뉴 선택도 나의 음식 취향을 고려한 알고리즘 분석을 통해 AI가 해결해 줄지도 모릅니다. 먹는 일에 별 재미를 느끼지 못하는 사람들은 필요한 영양소가 균형 있게 들어간 알약 하나, 혹은 먹기 좋은 상태로 가공된 음료 한 잔을 마시는 것으로 한 끼 식사를 대신할지도 모르죠. 물론 자연 상태의 식물에서 얻을 수 있는 다양한 대사 관련 영양소를 알약 같은 미래 식량이 대체할 수 있느냐에 대한 논쟁은 벌어지겠죠. 그리고 여전히 많은 사람들이 음식을 통해 얻는 미각과 시각, 후각의 즐거움을 잊지 못해서 전통적인 식사 방식을 고수할 것입니다. 입으로 씹으며 느끼는 음식의 질감이나 맛을 포기하기는 쉽지 않으니까요. 요리 자체를 취미로 즐기는 사람들도 더욱 늘어나고 있으니 말입니다. 미래의 먹거리 환경은 더욱 다양해지고 우리에게 더 많은 선택지를 주게 될 것입니다.

하지만 먹거리와 관련된 분배의 정의가 실현되지 않는다면 이 다양한 먹거리의 선택지들은 개인의 자발적 선택이 아닌 개

개인이 소유한 부에 따라 서열화될 수도 있습니다. 마치 영화 〈설국열차〉에서 기차 앞 칸에 탄 사람들이 멋진 향이 나는 와인에 스테이크를 썰고 있는 동안, 꼬리 칸에 탄 사람들은 단백질 블록만으로 허기를 달래야 하는 것처럼 말입니다.

자연은 항상 균형을 맞추려고 합니다. 한쪽에서 많이 가져가면 다른 한쪽은 모자라게 되죠. 또한 인류의 발전된 기술이 하늘에서 음식이 내리게 만들 수는 있겠지만, 그 음식들은 그냥 생기는 것이 아닙니다. 그 음식들의 재료가 어디선가 제공되어야 하고, 그것이 제공되는 방식에 따라 어떤 식으로든 환경에 부담을 주게 될 것입니다. 기술의 발전에 따라 윤리적 판단의 기준이 달라질 수는 있겠으나, 여전히 변하지 않는 가치 판단의 기준은 80억 인구, 조만간 100억 명을 돌파할 우리 지구의 인구가 먹고 사는 방식이 지구에 주는 부담을 최소화해야 한다는 것입니다. 푸드테크의 방향 역시 마찬가지입니다.

육류업계의 한 간부가 나에게 이렇게 말한 적이 있다. "우리도 E.coli(대장균)에 대해 상당히 염려하고 있고 그것을 극복하기 위해 최선을 다하고 있습니다."

나는 "그렇다면 동물들을 들판에서 방목하는 것이 어떻겠습니까?" 하고 물어보았다.

"그렇게 할 수 없습니다. 그랬다가는 수익률이 떨어지거든요."

그의 변을 들으면서 나는 톨스토이가 한 말을 떠올렸다.

"나는 누군가의 등에 업혀 가면서 그에게 미안한 마음이 들었다. 그래서 모든 수단을 강구하여 그의 짐을 덜어주고

싫었다. ……단 그의 등에서 내려오는 것 말고."

-존 로빈스,《존 로빈스의 음식혁명》중에서`

　우리 집에서 가장 깨끗한 물건은 무엇일까요? 바로 '변기'입니다. 언론에서 특정 물체의 오염도에 대해 말할 때 항상 비교 대상이 되는 것이 바로 변기입니다. 우리가 쓰는 칫솔에서 변기보다 더 많은 세균이 발견되었다, 싱크대에서 변기보다 더 많은 세균이 발견되었다 등등의 뉴스를 보고 있자면, 결국 우리 집에서 가장 깨끗한 물건은 바로 변기라는 결론이 나옵니다. 실제로 미국 애리조나 대학 연구팀은 화장실 가장자리에서보다 미국인의 부엌에서 더 많은 박테리아가 발견되었다고 밝혔습니다. **식인성 질환**의 권위자 니콜스 폭스는 그러한 결과가 나타난 원인에 대해 식품에 있던 병균이 부엌으로 옮아가기 때문이라고 했습니다.[34] 사람들이 부엌에 식품을 가지고 와서 다듬고 씻고 조리하는 과정에서 생기는 어쩔 수 없는 문제이지요. 생닭에는 식중독을 일으키는 살모넬라균이 흔히 있습니다. 그런데 생닭을 싱크대에서 씻는 과정에서 이 살모넬라균이 주변에 옮아 갈 수 있으므로 조리대를 철저하게 소독해야 하죠.

　먹거리와 관련된 질환의 원

✦ **식인성 질환** 박테리아나 바이러스, 기생충 등에 오염되거나 부패한 음식을 먹거나 다루는 과정에서 생기는 질환으로 식중독을 포함한 음식으로 인해 생기는 질병

인이 되는 바이러스나 박테리아는 대부분 비위생적인 공장식 축산 환경에서 기인하는 경우가 많습니다. 그럼에도 불구하고 이런 축산 환경이 개선되지 않고 논란이 끊이지 않는 까닭은 바로 비용 때문입니다.

## 우리는 모두
## 좋은 사람이 되고 싶다

최근의 언론 보도로만 우리 청소년들을 판단하면, 매일 먹방이나 들여다보면서 자극적인 음식에만 관심을 가지고, 늘 패스트 푸드를 입에 달고 다니면서도 음식이 어떻게 생산되는지, 또 그것이 자신이 발붙이고 살아가는 지구에 어떤 영향을 미치는지에 대해 전혀 관심도 없는 한심한 사람들처럼 보입니다. 그렇지만 이런 식의 언론 보도는 우리 청소년들의 주체적이고 자율적인 판단 능력을 무시하는 한심한 처사입니다.

사실 우리 청소년들은 어떤 의미에서 어른들보다 더 환경 문제에 관심이 많습니다. 지구촌 곳곳에서 벌어지고 있는 열대 우림의 무분별한 개발에 대해 한탄하며 지구 온난화를 우려합니다. 비록 고기를 좋아하지만, 동물 학대에 대해서는 혐오하죠.

유전자 조작 식품에 대해서도 심각하게 우려하고 있고, 앞으로 그들 세대가 책임져야 할 환경 비용에 대한 염려로 열띤 토론을 하기도 합니다.

어른들도 마찬가지입니다. 최근 들어 '기후 변화'는 우리의 생존과 관련된 문제라는 사실을 인식하는 사람들이 점점 늘어나고 있습니다. 가능하면 지구에 덜 해로운 방법으로 살아가려고 노력하는 사람도 많아졌죠. 먹거리와 관련해서도 생산자는 생산자대로 소비자는 소비자대로 가능하면 지구에 '생태적 발자국'을 덜 남기는 방향으로 생산하고, 소비해야 한다는 것을 인식하고 있습니다.

하지만 여전히 많은 사람들이 지속 가능한 생태계를 유지하기 위한 가장 효과적인 방법이 우리 개개인에게 존재한다는 사실은 잘 깨닫지 못하고 있는 것 같습니다. 무분별한 개발을 막고, 더 자연 친화적인 방식으로 생산하고, 불필요한 음식 소비를 줄여서 소중한 우리 지구를 보호할 수 있는 방법이 우리 스스로에게 있다는 사실을 말입니다.

동물 복지를 이야기하지만, 육식을 포기할 수는 없죠. 초가공식품을 먹지 말자고 하지만 그 맛의 유혹을 뿌리치기는 힘듭니다. 유기농 식품이 좋다는 걸 알지만, 비싼 가격이 부담스럽습니다. 내가 먹을 음식을 직접 요리해 먹고 싶지만 시간이 없죠.

항상 벽에 부딪히는 것은 '비용' 문제입니다. 경제적 비용은 물론이거니와 사회적 비용, 그리고 내 몸의 수고로움, 그 앞에서 항상 한 발을 빼고 말죠. 그러면서 자신을 합리화합니다.

당연히 기후 변화 문제에 현명하게 대처해야지. 음식 쓰레기를 안 버리려고 노력하고 있고 일회용품도 가능하면 안 쓰려고 노력해. 하지만, 어떻게 항상 그럴 수 있지? 과연 항상 그럴 수 있는 사람이 몇이나 되겠어? 유기농이나 동물 복지 식품을 먹으면 좋겠지만, 그게 진짜인지 어떻게 알아? 괜히 비싼 비용만 치르고 마는 걸 수도 있잖아.

마치 누군가의 등에 업혀 편안하게 산을 오르면서 힘들어하는 그의 거친 숨소리에 미안한 마음이 들어 이마에 흐르는 땀도 닦아주고, 입술에 물을 축여 주기도 하면서 어떻게든 돕고 싶은 마음은 들지만, 당장 내려서 내 발로 걷기는 싫어하는 그 마음처럼 우리는 지구라는 생태계에 지속적인 부담을 주면서도 근본적인 변화에는 은근슬쩍 발을 빼고 있는 것은 아닌지 생각해 보아야 합니다. 늘 하던 대로 살아가면서 익숙해진 입맛을 바꾸는 것은 쉽지 않습니다.

## 의식 있는 소비자에서
## 참여하는 음식 시민으로

학교 수업을 통해서, 또는 언론을 통해서 먹거리에 대한 여러 문제점을 들어서 알고 있고, 제법 의식 있는 소비자임을 자처하면서도, 정작 우리는 음식 문맹에 머무르고 있는 경우가 많습니다. 우리가 이렇게 음식 문맹이 되어가는 이유는 무엇일까요? 《음식문맹자, 음식시민을 만나다》라는 책에서 김종덕 교수는 그 이유를 다음과 같이 정리했습니다.

첫째, 생산자와 소비자가 멀어지는 것이 가장 큰 이유입니다. 먹거리가 어떻게 생산되는지를 전혀 모르기 때문에 음식에 대한 관심도 사라지는 것이지요. 또한, 먹거리의 탈자연화로 우리가 먹는 것들을 '생명'과 분리해서 생각하게 되는 것도 먹거리에 대한 관심이 사라지는 이유입니다.

둘째, 먹거리의 상품화입니다. 먹거리가 상품화되면 먹거리의 생산과 유통에서 가장 중요한 가치는 기업의 이윤이 됩니다. 그 과정에서 기업은 무조건 소비를 조장하고, 더 빨리 더 많이 먹는 가공식품을 만들어냅니다. 소비자는 손수 요리할 기회를 점점 잃게 되고, 그럴수록 음식에 대한 관심이 멀어집니다.

셋째, 먹거리가 지나치게 싼 것도 문제입니다. 일상적으로 먹는 대부분의 음식이 저렴하다 보니, 우리는 매번 많이 사고, 또 많이 버립니다. 마트에서 냉장고로 옮겨져서 그대로 버려지는 음식이 얼마나 많은지 생각해 보아야 합니다. 먹거리의 값이 쌀수록 음식에 대한 소중함을 덜 느끼게 됩니다.

넷째, 먹거리의 탈정치화도 음식 문맹의 원인이 되고 있습니다. 어떤 의미에서 먹거리야말로 가장 정치적인 문제인데도 식품 회사들은 먹거리가 정치적인 관심사가 되지 않도록 사전에 예방하려고 기를 씁니다. 먹거리 생산 과정에서 생기는 여러 문제점을 은폐하기 위해서입니다.

좋은 음식에 대한 우리의 관심이 멀어질수록, 우리를 등에 업고 가는 지구라는 생태계가 점점 더 빨리 그 무게감을 견디지 못하게 될 것입니다. 우리는 언제 갑자기 그 따뜻하고 편안하던 등에서 영원한 나락으로 떨어지게 될지 알 수 없습니다. 문제가 있다는 것은 알지만, 문제 해결을 위해서 부담을 지는 것은 꺼립니다. 하지만, 그렇게 해서 변하는 것은 없습니다.

단순히 문제를 아는 것을 넘어, 행동으로 변해야 합니다. 이런 사람을 우리는 음식 시민이라고 합니다. 김종덕 교수는 음식 시민에 대하여 음식 소비자인 동시에 먹거리의 지속 가능한 지역 생산과 공동체를 지지하는 대안적 식량 네트워크를 구성하는 능동적인 참여자라고 정의하고 그 자질을 다음과 같이 정리

했습니다.

음식을 중요하게 여긴다.

음식을 감사하게 여긴다.

음식에 대해 잘 안다.

음식을 만들거나 다루는 기술을 가지고 있다.

음식과 올바른 관계를 맺고 있다.

지역의 경제, 사회, 환경 측면에서 지속 가능한 식량 체계의 구조화를 지지한다.

어느 순간 음식 체계에서 단순한 소비자로 밀려나 버린 우리는 식량 체계의 주체라는 사실을 잊고 있었습니다. 내가 먹는 음식이 내 몸에 미치는 영향, 그리고 우리 지역에 미치는 영향, 더 나아가 우리 지구에 미치는 영향에 대해 고민해야 합니다. 고민에 그치지 않고 생각을 표현하고 의미 있는 변화가 일어나도록 행동해야 합니다.

# 출처

11쪽, 브리야 사바랭,《브리야 사바랭의 미식 예찬》, 르네상스, 2004년, 238쪽

35쪽, 미카엘 올리비에,《뚱보, 내 인생》, 바람의아이들, 2004년, 40~41쪽

69쪽, 비 윌슨,《식사에 대한 생각》, 어크로스, 2020년, 274쪽

105쪽, 크리스 반 툴레켄, 초가공식품은 우리 몸에 무슨 짓을 하는 것일까, 〈BBC 코리아〉 편집부, 2021년

117쪽, 이문재,《제국호텔》, 식탁은 지구다 中, 문학동네, 2004년, 136쪽

122쪽, 한국공정무역협의회KFTO, 초콜릿으로 알아보는 공정무역, 10쪽

153쪽, 변순용 외,《음식 윤리》, 어문학사, 2022년, 170쪽

181쪽, 존 로빈스,《존 로빈스의 음식혁명》, 시공사, 2011년, 166~167쪽

표

16쪽, 청소년이 먹방 쿡방을 시청하는 이유(한국식품커뮤니케이션포럼) | 30쪽, 청소년 패스트푸드 섭취 현황(신한대 식품조리과학부 홍승희 교수 연구, 2020년 질병관리청 청소년 건강 행태 온라인 조사에 참여한 중고생 5만 4948명 대상) | 89쪽, 세계 1인당 육류 소비량(OECD) | 92쪽, 생물종 감소 원인(환경부, 환경통계포털 2019년) | 112쪽, 서울시 청소년 비만도(서울시교육청, 신현영 의원실) | 124쪽, 식품의 가공 단계(하버드 대학교 건강 블로그) | 128쪽, 초가공식품 식별법(BBC뉴스코리아, '초가공식품: 건강을 해치고 수명도 줄일 수 있다', 2019년) | 139쪽, 2021년 세계 식량 안보 지수(이코노미스트) | 143쪽, 온실가스 배출량(유엔식량농업기구FAO) | 174쪽, 대체육과 배양육 소비 예상(A.T. Kearney)

# 참고 자료

## 도서

김종덕,《음식문맹자, 음식시민을 만나다》, 따비, 2012년

김재휘,《설득 심리 이론》, 커뮤니케이션북스, 2013년

남기선,《식사 혁명》, MID, 2019년

박성규,《10대와 통하는 음식 이야기》, 철수와영희, 2018년

박승준,《비만이 사회문제라고요?》, 초록서재, 2021년

변순용·김명식 외,《음식 윤리》, 어문학사, 2022년

서은국,《행복의 기원》, 21세기북스, 2021년

오애리·구정은·이지선,《모든 치킨은 옳을까》, 우리학교, 2021년

정정희,《십대들을 위한 맛있는 인문학》, 맘에드림, 2019년

디르크 슈테펜스·프리츠 하베쿠스,《인간의 종말》, 2021년

리어 키스,《채식의 배신》, 부키, 2013년

매리언 네슬·케리 트루먼,《우리가 음식을 먹을 때 말하지 않는 것들》, 현암사,
        2022년

마이클 폴란,《잡식동물의 딜레마》, 다른 세상, 2008년

멜라니 뮐·디아나 폰 코프,《음식의 심리학》, 반니, 2017년

미야자키 마사카츠,《처음 읽는 음식의 세계사》, 탐나는책, 2021년

미카엘 올리비에,《뚱보, 내 인생》, 바람의아이들, 2004년

배리 팝킨,《세계는 뚱뚱하다》, 시공사, 2009년

브리야 사바랭,《브리야 사바랭의 미식 예찬》, 르네상스, 2004년

비 윌슨,《식사에 대한 생각》, 어크로스, 2020년

비 윌슨,《식습관의 인문학》, 문학동네, 2017년

빅투아르 도세르,《죽을 만큼 아름다워지기》, 애플북스, 2018년

에번 D. G. 프레이저·앤드루 리마스,《음식의 제국》, 알에이치코리아, 2012년

오렌 B. 헤스터먼,《페어푸드》, 따비, 2013년

후루타 야스시,《앨버트로스의 똥으로 만든 나라》, 서해문집, 2006년

제레미 리프킨,《육식의 종말》, 시공사, 2002년

제시카 판조,《저녁 식탁에서 지구를 생각하다》, 사람in, 2021년

존 로빈스,《존 로빈스의 음식혁명》, 시공사, 2011년

폴 호컨,《플랜 드로다운》, 글항아리사이언스, 2019년

폴라 에이어,《청소년을 위한 음식의 사회학》, 그린북, 2016년

프레드 프로벤자,《영양의 비밀》, 브론스테인, 2020년

피터 싱어,《동물 해방》, 연암서가, 2012년

후나세 슌스케,《우리가 몰랐던 유전자 조작 식품의 비밀》, 중앙생활사, 2020년

후루사와 고유,《저 많은 돼지고기는 어디서 왔을까?》, 나무를심는사람들, 2022년

후안 엔리케스,《무엇이 옳은가》, 세계사, 2022년

## 보도자료 및 기사

강수연, 내가 과자를 못 끊는 이유… 의지 문제가 아니었다, 〈헬스조선〉, 2022년

강영진, 비만, 결코 개인 책임 아냐… 전세계 과학자들 일성, 〈뉴시스〉, 2022년

곽노필, 세계 비만 관리 비상… 2030년 10억 명 넘는다, 〈한겨레〉, 2022년

곽노필, 대체육이 고기를 대체할 수 없는 영양학적 이유, 〈한겨레〉, 2021년

구아모, 밤 10시면 편의점 '습격'하는 10대들… 5명 중 1명은 고혈압이라는데, 〈헬스
    조선〉, 2022년

김다솜, 대체육 온실가스 감축 효과, 친환경 차의 11배?, 〈Daily pop〉, 2023년

김선영, 채식·육식 옹호 입씨름은 그만… 영양 더하고 빼면 모두 건강식, 〈중앙일
    보〉, 2018년

김예랑, 같이 '먹토' 하고 39kg '뼈말라' 되실 분… 은밀한 제안, 〈한경라이프〉,
    2021년

김윤종, 한국도 아동·청소년 비만 환자 급증… 설탕세 도입 필요, 〈동아일보〉,
    2018년

노예진, '설국열차'의 바퀴벌레 양갱… 인류의 미래식량은 식용곤충?, 〈문화뉴스〉,
    2021년

박광균, GMO 유전자조작 식품은 안전할까?, 〈break news〉, 2021년

박광균, 정말 맛있는 '초가공식품' 우리의 뇌를 지배하다, 〈break news〉, 2021년

박진희, '음식윤리' 필수교육 시대로 가자, 〈한국농어민신문〉, 2022년

박현욱, 신조어사전-프로아나족, 〈서울경제〉, 2022년

안지섭, 무작정 굶고, 일부러 토하고… 프로아나족이 놓치고 있는 것들, 〈독서신문〉, 2021년

안치용 외, 아이의 절규 '사람들이 초콜릿 먹으면 내 살을 먹는 것', 〈오마이뉴스〉, 2022년

오시영, '푸드테크'로 인류 식량 문제 해결, 〈조선일보〉, 2019년

오찬종, 요리 않고 배달로 식사 해결… 가정집 부엌은 점점 사라질 것, 〈매일경제〉, 2019년

윤은숙, 태어나자마자 분쇄기 안 돼… 독일, 수컷 병아리 살처분 금지, 〈아주경제〉, 2021년

이강봉, 중독성 강한 가공식품이 비만 유발, 〈The Science Times〉, 2019년

이덕환, 불평등과 빈곤·기아: 식량 문제와 생물종 다양성, 〈열린 연단〉, 2022년

이라영, 이 시대의 먹방에는 정치가 필요해, 〈한겨레〉, 2022년

이서영, 역사적 후퇴… 브라질, 기아로 허덕이는 인구 2년간 73% 급증, 〈뉴스1〉, 2022년

이성규, 배양육의 기후변화 논란 불붙나, 〈The Science Times〉, 2019년

이순용, 먹방·쿡방 시청 시간 길수록 식습관은 나빠져, 〈이데일리〉, 2020년

이슬비, 유전자변형식품 0.9% 혼입돼도 'Non-GMO' 표시… 안전성 문제 없나, 〈헬스조선〉, 2021년

이승률, 고기인 듯, 고기 아닌 '대체육'의 재발견, 〈매거진 한경〉, 2022년

이윤오, 육가공·낙농업체 배출 메탄 '충격적'… 에스토니아·아일랜드·덴마크 '소 방귀세' 도입, 〈세계일보〉, 2022년

이하린, 먹방, 면치기 다 지겹다… '소식좌'에 환호하는 이유, 〈매일경제〉, 2022년

정가람, 점심시간 칼같이 사라지는 김 대리는 어디 갔을까, 〈서울경제〉, 2019년

정가람, '밥보다는 잠' 아침은 언제부터 사치가 되었나, 〈서울경제〉, 2019년

정유미, '육해공' 총출동에 애벌레 후식까지… 아프리카 식탁은 빈곤? 편견 깬 밥상, 〈경향신문〉, 2018년

조일준, '사자도 동물 먹잖아' vs '인간은 이성적 선택 가능'… 비건 논쟁 총정리, 〈한겨레〉, 2022년

정현정, 밥은 굶어도 디저트는 제대로… 우리는 왜 달콤한 유혹에 빠졌나, 〈서울경

제〉, 2019년

조유라, 중고생 31% 비만·과체중 '코로나 집콕'에 활동 준 탓, 〈동아일보〉, 2022년

최민영, 유전자조작식품 과연 안전한가, 〈소비자 평가〉, 2021년

최상국, 지난 해 GMO 수입량 7% 감소… 옥수수 비중 83%, 〈아이뉴스〉, 2022년

한형용, 청소년, 닭 요리 선호 높아… 배달 땐 위생보다 맛 중시, 〈대한경제〉, 2021년

홍석윤, 키우기 쉽고 지구에도 좋은 미래식품, 곤충, 〈이코노믹리뷰〉, 2020년

# 주

1   한국식품커뮤니케이션포럼KORRUM, 이화여대 융합보건학과 김혜경 교수
    팀 2019년 설문조사

2   김수진, 〈헬스조선〉, '푸드 포르노' 먹방 보며 식사한다면… 당신은 이미 중
    독, 2018년

3   찰스 스펜서, 《왜 맛있을까》, 어크로스, 2018년

4   미국 조지아주 조지아서던대학 연구진, 학술지 〈식욕〉, 2022년 1월호

5   이승구, 청소년의 패스트푸드 식사 비율, 12년새 2배 가량 늘어, 〈세계일보〉,
    2022년

6   이철, 10대 청소년이 가장 좋아하는 음식은?, 〈한국외식신문〉, 2021년

7   이미나, 잠 부족하거나 우울한 청소년, 편의식품 선호한다, 〈한경〉, 2021년

8   보건복지부, 국민건강증진을 위한 비만 통계자료집 2016~2020, 한국건강증
    진개발원

9   김화빈, 수평아리 산 채 갈려도 현안 아니라는 정부, 〈이데일리〉, 2022년

10  프레드 프로벤자, 《영양의 비밀》, 브론스테인, 2020년

11  프레드 프로벤자, 《영양의 비밀》, 브론스테인, 2020년

12  프레드 프로벤자, 《영양의 비밀》, 브론스테인, 2020년

13  프레드 프로벤자, 《영양의 비밀》, 브론스테인, 2020년

14  김윤주, 인류는 가도 닭뼈는 남는다, 〈한겨레〉, 2022년

15  림수진, 2천명 피살 아보카도 참극 잊었나… 의원들의 위험한 도박, 〈오마이
    뉴스〉, 2020년

16  비 윌슨, 《식사에 대한 생각》, 어크로스, 2020년

17  비 윌슨, 《식사에 대한 생각》, 어크로스, 2020년

18  비 윌슨, 《식사에 대한 생각》, 어크로스, 2020년

19  함지현, 비만율 가장 높은 나라는 아메리칸사모아, 〈한국일보〉, 2015년

20  이 단어는 브라질 상파울루 대학교 카를로스 몬테이로 교수가 만든 용어인

데, 영국의 공영 방송인 BBC에서 '우리는 아이들에게 무엇을 먹이고 있는가'
라는 제목의 다큐멘터리를 통해 초가공식품Ultra-processed foods의 위험
에 대해 말하면서 널리 알려졌다.

21  브라질 상파울루 대학 연구팀의 연구 결과로 35세에서 74세 사이의 참가자
    1만 775명의 인지 저하율을 2008년부터 2019년까지 추적 조사한 결과, 초
    가공식품이 식단의 20% 미만인 그룹과 35% 이상인 그룹을 비교할 때, 35%
    이상인 그룹의 인지 기능 저하 속도가 28% 빠르게 나타났다.

22  BBC편집부, 초가공식품은 우리 몸에 무슨 짓을 하는 걸까?, 〈BBC코리아〉,
    2021년

23  BBC편집부, 초가공식품은 우리 몸에 무슨 짓을 하는 걸까?, 〈BBC코리아〉,
    2021년

24  마이클 폴란,《잡식동물의 딜레마》, 다른 세상, 2008년

25  세계적인 다국적 바이오 화학 회사로 2018년 제약 회사 바이엘에 인수 합병
    되었다.

26  KB경영연구소, 2021 한국 반려동물보고서

27  피터 싱어,《동물 해방》, 연암서가, 2012년

28  마이클 폴란,《잡식동물의 딜레마》, 다른 세상, 2008년

29  변순용 외,《음식 윤리》, 어문학사, 2022년

30  오랜 B.헤스터먼,《페어푸드》, 따비, 2013년

31  김종덕,《음식문맹자, 음식시민을 만나다》, 따비, 2012년

32  에번 D. G. 프레이저·앤드루 리마스,《음식의 제국》, 알에치코리아, 2012년

33  황래환, 영양과 환경 모두에 좋은 미래 먹거리, 〈하이닥〉, 2021년

34  존 로빈스,《존 로빈스의 음식혁명》, 시공사, 2011년

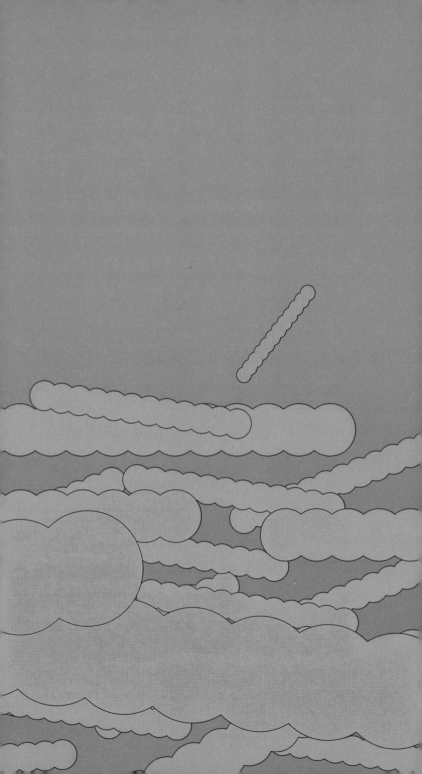

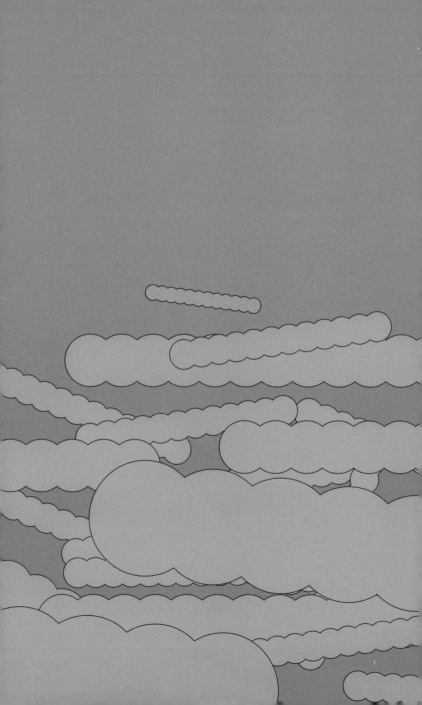